공부력을 길러 주는
요즘 아이들의 똑똑한 **독해** 습관

문해력보스

한국사 우리 인물 (3종) / 우리 문화 (3종)

세계사 세계 인물 (3종) / 세계 문화 (3종)

* 2022년 11월 출간 예정

eduwill

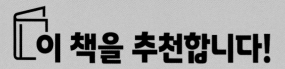

이 책을 추천합니다!

✒ 이 책을 추천하신 선생님들

"교과서독해 + 디지털독해 콘셉트는 단언컨대, 문해력의 빛나는 종합 선물 세트예요."

황준경 | 대광초등학교 교사

"교과서와 100% 연계된 글감으로 학교공부를 대비할 수 있어요."

나문정 | 한일초등학교 교사

"디지털 홍수 시대, 아이들이 현명한 판단을 내릴 수 있도록 하는 나침반 같은 책이에요."

박현진 | 샛별초등학교 교사

"문해력을 기르면서 동시에 배경지식까지 쌓여 두 마리 토끼를 잡을 수 있는 책이에요."

박미송 | 오송고등학교 교사

✒ 이 책을 추천하신 학부모님들

"아이들이 지루해하지 않아요. 스스로 연필을 잡고 공부하는 모습이 감동이었어요."

김태진 학생 어머니 | 상록초등학교

"교과서독해에서 배운 내용을 디지털독해를 통해 한 번 더 공부해서 좋았어요."

정유정 학생 어머니 | 부산진초등학교

"디지털독해가 뭔지 잘 몰랐는데, 책을 펼친 후 바로 알았네요.
공부뿐만 아니라 요즘 시대에 아이들에게 정말 필요한 능력을 길러 주는 책이라고 생각해요."

박수현 학생 어머니 | 광주서초등학교

"교과서를 기반으로 구성된 독해가 정말 매력적이었어요. 무엇보다 교과서가 중요하니까요."

신지훈 학생 어머니 | 고일초등학교

하루 공부를 마칠 때마다 오른쪽 딱지를 오려 붙여서 게임판을 완성해 보세요.

문해력 보스

한국사 초등 3~6학년

우리 문화 ❶ 선사~통일 신라와 발해

우리 아이에게
"문해력"이 필요한 이유

문해력은 "글을 읽고 쓸 줄 아는 능력"입니다.
그럼 우리 아이의 문해력을 키우면 성적이 올라갈까요?

네, 그렇습니다.
문해력은 공부를 하는 데 필요한 기본 도구입니다.
국어, 사회, 과학 등 아이들이 배우는 과목에는 읽기와 쓰기 능력이 필요합니다.
문해력이 높으면 질문을 쉽게 이해하고
올바른 대답을 쓰거나 말할 수 있습니다.
문해력은 우리 아이의 학습 능력 그 자체입니다.
그래서 우리 아이에게 문해력이 필요합니다.

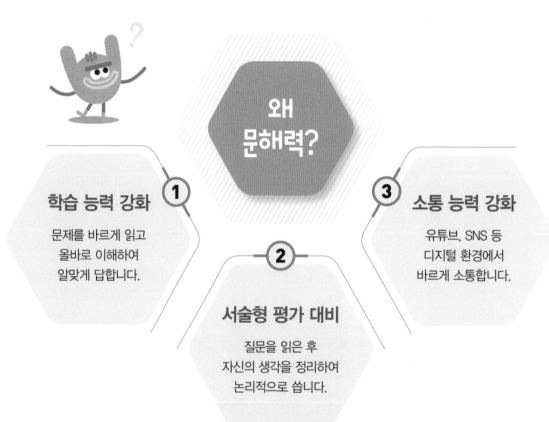

왜 문해력?

1 학습 능력 강화
문제를 바르게 읽고
올바로 이해하여
알맞게 답합니다.

2 서술형 평가 대비
질문을 읽은 후
자신의 생각을 정리하여
논리적으로 씁니다.

3 소통 능력 강화
유튜브, SNS 등
디지털 환경에서
바르게 소통합니다.

"문해력보스"가 특별한 이유!

문해력보스는 일반적인 문해력 책과 다릅니다.
이 책은 "글 문해력과 디지털 문해력을 함께 기르는 훈련서"입니다.

글에 대한 문해력을 키우는 것만큼 중요한 것은
유튜브, SNS와 같은 디지털 매체에 대한 문해력을 키우는 것입니다.
우리 아이는 디지털 매체가 가득한 세상에 살고 있습니다.
학교나 집에서 태블릿 PC로 수업을 하고,
유튜브를 보며, SNS로 친구들과 소통합니다.
"문해력보스"는 초등 교과와 연계된 다양한 글을 읽고,
이와 관련된 광고, 뉴스, 블로그 등 다양한 형태의 매체를 접하며 훈련합니다.
"문해력보스"는 우리 아이가 세상을 보는 힘을 길러 줍니다.

문해력 보스는?

① 교과서독해
교과와 연계한
다양한 글감을 읽고
글에 대한 문해력을
기릅니다.

② 디지털독해
뉴스, 블로그 등
다양한 매체를 접하며
디지털 문해력을
기릅니다.

③ 어휘 학습
문해력의 기초가 되는
어휘를 풍부하게
익힙니다.

문해력보스
구성과 특징

교과서 독해

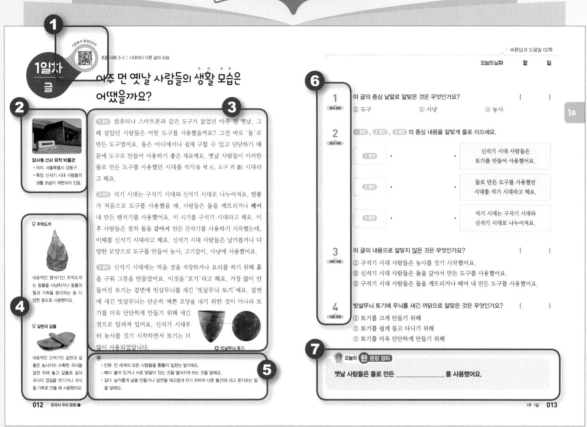

❶ **지문분석 동영상강의** 어려울 수 있는 교과서 지문을 선생님이 친절하게 설명해 줍니다.

❷ **문화유산 정보** 관련된 문화유산을 볼 수 있는 곳을 소개합니다.

❸ **교과서 지문** 초·중등 교과서에 나오는 문화유산을 알고 교과 지식을 쌓습니다.

❹ **보충 설명** 교과서 지문을 이해하는 데 참고할 배경지식을 함께 학습합니다.

❺ **어휘 풀이** 사전을 찾아보지 않고 바로바로 어휘의 뜻을 확인합니다.

❻ **문해력을 기르는 문제** 중심 낱말, 중심 내용, 세부 내용, 내용 추론, 내용 요약, 어휘 표현의 6가지 문제 유형을 골고루 풀어 보며 자연스럽게 문해력을 기릅니다.

❼ **오늘의 한 문장 정리** 교과서 지문에서 배운 내용을 한 문장으로 정리하는 연습을 합니다.

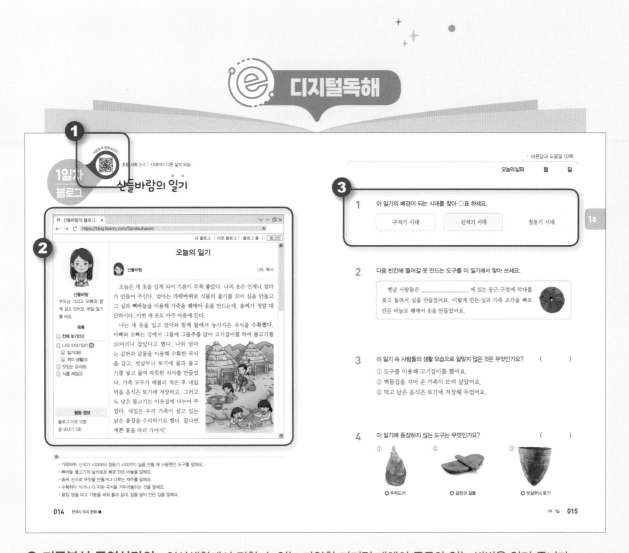

❶ **지문분석 동영상강의** 일상생활에서 접할 수 있는 다양한 디지털 매체의 종류와 읽는 방법을 알려 줍니다.

❷ **디지털 매체 지문** 교과서독해에서 학습한 주제를 뉴스, 블로그 등 다양한 디지털 매체 지문으로 나타냈습니다.

❸ **문해력을 기르는 문제** 디지털 매체 지문을 제대로 이해하였는지 점검하며 디지털 문해력을 기릅니다.

디지털 매체 지문 보기

동영상(위) 카드뉴스(아래)

게임

온라인대화

신문기사

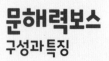

문해력보스
구성과특징

어휘 정리

어휘 정리 1~5일 지문에서 나온 중요 어휘를 정리해 보세요.

● 바른답과 도움말 04쪽

오늘의날짜   월   일

1 밑줄 친 낱말의 뜻을 알맞게 줄로 이으세요.

광개토 대왕릉비의 겉면은 울퉁불퉁해요.	위치를 이동할 수 없는 역사적인 장소
고령 지산동 고분군에서 가야의 유물이 출토되었어요.	땅속에 묻혀 있던 오래된 물건이 밖으로 파내어지다.
고창, 화순, 강화의 고인돌 유적은 유네스코 세계 유산이에요.	붙어 있거나 서로 맞닿아 있는 것을 떨어지게 하다.
신라 청년들은 유교의 경전을 공부하기로 약속했어요.	오직 하나만 있다.
충주 고구려비는 한반도에 있는 유일한 고구려 비석이에요.	오래전 지혜로웠던 사람들의 가르침을 적은 책
구석기 시대 사람들은 돌을 떼어 내 만든 도구를 사용했어요.	물체의 겉 부분이 여기저기 몹시 나오고 들어가서 고르지 않다.

2 밑줄 친 낱말과 뜻이 비슷한 낱말을 〈보기〉에서 찾아 빈칸에 쓰세요.

〈보기〉

땅	묻다	모이다	차지하다	찬양하다

(1) 가야는 여러 개의 작은 나라가 연합한 나라예요. _____

(2) 장수왕은 광개토 대왕의 업적을 기리고 싶었어요. _____

(3) 진흥왕은 서쪽과 북쪽으로 신라의 영토를 크게 넓혔어요. _____

(4) 진흥왕은 새롭게 점령한 지역을 방문해 비석을 세웠어요. _____

(5) 고대에는 왕이 죽으면 그들을 따르던 사람을 함께 배장했어요. _____

3 다음 문장의 밑줄 친 낱말을 바르게 고쳐 빈칸에 쓰세요.

(1) 옛날 사람들은 다락바퀴를 이용해 실을 만들었어요. _____

(2) 고인돌은 제사를 지내는 재단으로 사용되기도 했어요. _____

(3) 신라는 삼국 중 가장 늦게 정성기를 맞이하게 되었어요. _____

(4) 충주 고구려비는 세월이 많이 흘러 겉면의 바보가 심했어요. _____

(5) 진흥왕은 적극적인 정벅 전쟁을 통해 영토를 크게 넓혔어요. _____

한 주간 배운 중요 어휘를 문제를 풀어 보며 확인합니다.

- **1번**에서는 앞에서 배운 어휘의 뜻을 알맞게 연결합니다.
- **2번**에서는 뜻이 서로 비슷한 어휘를 알아봅니다.
- **3번**에서는 맞춤법에 맞는 어휘를 확인합니다.

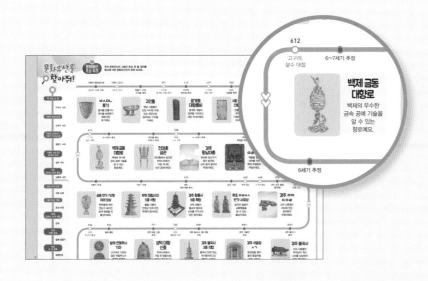

문화유산 초성 퀴즈 연표

연표를 따라가며 문화유산의 그림과 초성, 한 줄 정리를 통해 각 권에서 배운 중요 문화유산의 이름을 맞혀 봅니다.

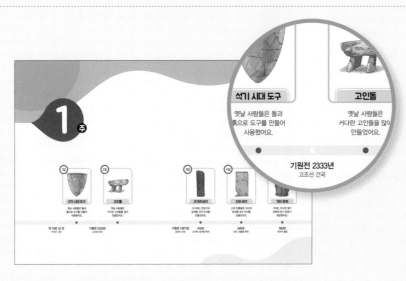

미리 보는 주별 학습

연표를 따라가며 해당 주에 만날 문화유산의 이름과 특징을 살펴봅니다.

바른답과 도움말

문제를 풀고 난 후 바른답과 도움말을 통해 혼자서도 쉽게 공부할 수 있습니다.

문해력보스 한국사 우리 문화 ❷, ❸권 주제 살펴보기

❷권 고려~조선 전기

	유형	주제
1주	글	고려 사람들은 어떤 돈을 썼을까요?
	웹툰	고려 시장에 간 역사 탐험대
	글	고려의 도자기는 어떻게 만들어졌을까요?
	광고	흙으로 빚은 고려청자의 아름다움
	글	고려에서 높게 쌓은 불교 건축물은 어떤 모습일까요?
	블로그	탑에게 소원을 말해 보세요
	글	고려 시대 호족은 자신의 힘을 드러내기 위해 무엇을 만들었을까요?
	웹툰	파주 용미리의 큰 바위 불상 이야기
	글	고려가 절 안에 만든 건물은 무엇일까요?
	잡지	긴 세월을 버텨 온 고려의 목조 건물
2주	글	고려가 다른 나라의 침입을 이겨 내기 위해 한 일은 무엇일까요?
	일기	8만여 장의 목판에 새겨진 간절한 마음
	글	목판은 어떻게 잘 보존될 수 있었을까요?
	인터뷰	대장경판을 지켜 낸 장경판전의 비밀
	글	고려 시대에 쓰인 대표적인 역사책은 무엇일까요?
	온라인대화	시간을 뛰어넘은 일연과 김부식의 만남
	글	고려 사람들은 어떻게 책을 인쇄했을까요?
	백과사전	세계 최초의 발명, 금속 활자
	글	과학 기술의 발전에 따라 변화된 고려의 모습은 어땠을까요?
	방송프로그램	고려를 변화시킨 화약과 목화
3주	글	조선의 도읍은 어디였을까요?
	안내도	유교의 나라, 조선의 도읍이었던 서울
	글	조선의 왕들이 생활한 곳은 어디일까요?
	카드뉴스	오늘날 만나는 조선의 모습
	글	조선 왕의 무덤은 어떻게 생겼을까요?
	신문기사	영릉, 옛 모습으로 다시 태어나다
	글	조선 사람들은 어떻게 시간과 계절을 알았을까요?
	온라인박물관	시대를 앞서간 조선의 알람 시계
	글	한글은 어떻게 만들어졌을까요?
	SNS	거센 반대의 소리를 뚫고 나온 훈민정음
4주	글	조선을 다스리는 기준이 된 법은 무엇일까요?
	동영상	유교가 바탕이 된 경국대전
	글	조선의 학생들이 공부한 곳은 어디일까요?
	안내문	영주 소수 서원 입학을 축하합니다
	글	임진왜란을 승리로 이끈 조선의 무기는 무엇일까요?
	백과사전	집중 조명! 조선의 새로운 무기
	글	청나라의 침입에 맞서 조선이 저항한 곳은 어디일까요?
	안내도	한양을 지키는 방패, 남한산성
	글	조선 시대의 그릇은 어떻게 생겼을까요?
	온라인박물관	조선 도자기의 아름다움

❸권 조선 후기~근현대

	유형	주제
1주	글	정조는 왜 수원에 성을 만들었을까요?
	온라인대화	수원 화성에 담긴 왕의 꿈
	글	조선 후기의 서민 문화는 무엇일까요?
	초대장	재미있는 판소리 공연을 보러 오세요
	글	조선 후기에 유행한 그림은 무엇일까요?
	온라인박물관	대표 풍속화가, 김홍도와 신윤복
	글	실학자들은 어떤 일을 했을까요?
	광고	실학자들이 만든 책과 지도
	글	우리나라의 문화유산이 왜 프랑스에 있게 된 것일까요?
	뉴스	145년 만에 돌아온 외규장각 의궤
2주	글	개항 이후 학생들은 무엇을 배웠을까요?
	온라인대화	역사 탐구반 근대 학교 답사
	글	우리나라를 지키기 위해 신문은 어떤 역할을 했을까요?
	신문기사	독립신문, 민족의식을 깨우다
	글	고종이 황제에 오른 장소는 어디일까요?
	스토리보드	황제가 다스리는 나라, 대한 제국
	글	개항 이후 변화된 생활 모습은 어땠을까요?
	SNS	전깃불도 보고 전차도 타고 왔어요
	글	개항 이후 도시에 세워진 서양식 건물은 무엇일까요?
	웹툰	개항 이후 도시로 간 역사 탐험대
3주	글	일제는 왜 감옥을 만들었을까요?
	웹툰	감옥에서도 만세를 부른 유관순
	글	한글을 지키려고 어떤 노력을 했을까요?
	영화	우리말을 지켜라, 말모이 작전
	글	평화의 소녀상은 왜 만들어졌을까요?
	인터뷰	일본군 '위안부' 피해자, 김 할머니의 소원
	글	6 · 25 전쟁이 남긴 것은 무엇일까요?
	동영상	옛이야기에 담긴 마을 이름의 유래
	글	경제 발전의 과정은 어떤 모습이었을까요?
	광고	농촌 환경 바꾸기
4주	글	1980년 5월, 광주에 어떤 일이 있었을까요?
	일기	1980년 5월 광주, 그날의 일기
	글	우리나라에서 열린 국제 스포츠 대회는 무엇일까요?
	설문조사	2002년 한일 월드컵 대회 설문 조사
	글	우리의 전통 음식과 옷은 무엇일까요?
	백과사전	아름다운 우리 옷, 한복
	글	옛날 사람들은 어떤 놀이를 즐겼을까요?
	잡지	민속놀이의 꽃, 씨름의 모든 것
	글	세시 풍속에는 무엇이 있을까요?
	온라인박물관	옛날부터 전해지는 계절에 따른 생활 모습

공부 습관을 만드는 스스로 학습 계획표

매일 공부를 마친 후, 공부한 날과 목표 달성도를 채워 보세요.

진도		유형	주제	쪽수	공부한 날	목표 달성도
1주	1일	글	아주 먼 옛날 사람들의 생활 모습은 어땠을까요?	12~15쪽	월 일	♡♡♡
		블로그	산들바람의 일기			
	2일	글	커다란 돌의 정체는 무엇일까요?	16~19쪽	월 일	♡♡♡
		동영상	미션! 고인돌을 만들어라			
	3일	글	고구려의 전성기는 어디에 나타나 있을까요?	20~23쪽	월 일	♡♡♡
		인터뷰	한반도에서 발견된 문화유산			
	4일	글	진흥왕의 업적은 어디에 새겨져 있을까요?	24~27쪽	월 일	♡♡♡
		SNS	신라 청년의 결심을 새긴 비석			
	5일	글	가야의 문화는 어떠했을까요?	28~31쪽	월 일	♡♡♡
		온라인박물관	둥근 무덤 속에 숨겨진 가야의 역사			
	특별학습	1주 정리	어휘 정리			
2주	1일	글	고구려 무덤 안에 그림이 많이 그려져 있는 까닭은 무엇일까요?	36~39쪽	월 일	♡♡♡
		게임	고분 벽화 속 고구려 사람들의 생활 모습			
	2일	글	백제 사람들은 죽으면 어떤 곳에 묻혔을까요?	40~43쪽	월 일	♡♡♡
		온라인대화	잠에서 깨어난 백제의 보물			
	3일	글	신라 무덤에서 유물이 발견될 수 있던 까닭은 무엇일까요?	44~47쪽	월 일	♡♡♡
		광고	무덤을 파헤친 자를 잡아라			
	4일	글	신라 왕이 머리에 쓴 것은 무엇일까요?	48~51쪽	월 일	♡♡♡
		온라인게시글	무덤마다 이름을 다르게 부르는 까닭			
	5일	글	백제의 화려한 문화를 엿볼 수 있는 문화유산은 무엇일까요?	52~55쪽	월 일	♡♡♡
		광고	백제의 화려함이 담긴 신비의 향로			
	특별학습	2주 정리	어휘 정리			
3주	1일	글	삼국에서 부처님의 모습을 본떠 만든 것은 무엇일까요?	62~65쪽	월 일	♡♡♡
		웹툰	불상의 손 모양에 담긴 부처님의 뜻			
	2일	글	삼국에서 부처님을 위해 세운 것은 무엇일까요?	66~69쪽	월 일	♡♡♡
		동영상	높게 쌓은 불교 건축물에 숨겨진 비밀			
	3일	글	신라 선덕 여왕은 어떤 건축물을 만들었을까요?	70~73쪽	월 일	♡♡♡
		신문기사	천년이 넘는 세월을 버티는 첨성대			
	4일	글	삼국과 가야는 다른 나라와 어떤 교류를 했을까요?	74~77쪽	월 일	♡♡♡
		인터뷰	이웃 나라에 부는 한류 열풍			
	5일	글	왕의 무덤이 바다에 있는 이유는 무엇일까요?	78~81쪽	월 일	♡♡♡
		게임	전설의 아이템, 신문왕의 피리			
	특별학습	3주 정리	어휘 정리			
4주	1일	글	신라 사람들이 부처님의 나라를 꿈꾸며 만든 절은 무엇일까요?	86~89쪽	월 일	♡♡♡
		블로그	일연 스님의 경주 여행			
	2일	글	석굴암의 가치를 높게 평가하는 까닭은 무엇일까요?	90~93쪽	월 일	♡♡♡
		신문기사	석굴암에 담긴 충격적인 이야기			
	3일	글	통일 신라에서 높게 쌓은 불교 건축물은 어떤 모습일까요?	94~97쪽	월 일	♡♡♡
		카드뉴스	도굴꾼 덕분에 발견된 석가탑의 보물들			
	4일	글	신라의 은은한 종소리는 어디서 울릴까요?	98~101쪽	월 일	♡♡♡
		웹툰	성덕 대왕 신종에 얽힌 잘못된 이야기			
	5일	글	발해의 문화는 어땠을까요?	102~105쪽	월 일	♡♡♡
		인터뷰	발해 사람들이 사랑한 따끈따끈 온돌			
	특별학습	4주 정리	어휘 정리			

1 주

1일

석기 시대 도구

옛날 사람들은 돌과
흙으로 도구를 만들어
사용했어요.

2일

고인돌

옛날 사람들은
커다란 고인돌을 많이
만들었어요.

약 70만 년 전
구석기 시대

기원전 2333년
고조선 건국

연표를 따라가며 **1주차**에 만날 문화유산의
이름과 **특징**을 살펴보세요.

3일

고구려 비석

고구려는 전성기의
업적을 새겨 비석을
만들었어요.

4일

신라 비석

신라 진흥왕은 자신의
업적을 새겨 비석을
만들었어요.

5일

가야 문화

가야는 우수한 철기
문화와 토기 문화가
발달했어요.

기원전 1세기경
삼국의 건국

412년
고구려, 장수왕 즉위

540년
신라, 진흥왕 즉위

562년
대가야 멸망

1일차 글

아주 먼 옛날 사람들의 생활 모습은 어땠을까요?

암사동 선사 유적 박물관
• 위치: 서울특별시 강동구
• 특징: 신석기 시대 사람들의 생활 모습이 재현되어 있음.

1 문단 컴퓨터나 스마트폰과 같은 도구가 없었던 아주 먼 옛날, 그때 살았던 사람들은 어떤 도구를 사용했을까요? 그건 바로 '돌'로 만든 도구였어요. 돌은 어디에서나 쉽게 구할 수 있고 단단하기 때문에 도구로 만들어 사용하기 좋은 재료예요. 옛날 사람들이 이러한 돌로 만든 도구를 사용했던 시대를 석기(돌 석 石, 도구 기 器) 시대라고 해요.

2 문단 석기 시대는 구석기 시대와 신석기 시대로 나누어져요. **인류**가 처음으로 도구를 사용했을 때, 사람들은 돌을 깨뜨리거나 **떼어**내 만든 뗀석기를 사용했어요. 이 시기를 구석기 시대라고 해요. 이후 사람들은 점차 돌을 **갈아서** 만든 간석기를 사용하기 시작했는데, 이때를 신석기 시대라고 해요. 신석기 시대 사람들은 날카롭거나 다양한 모양으로 도구를 만들어 농사, 고기잡이, 사냥에 사용했어요.

⊙ 주먹도끼

대표적인 뗀석기인 주먹도끼는 동물을 사냥하거나 동물의 털과 가죽을 분리하는 등 다양한 용도로 사용했어요.

3 문단 신석기 시대에는 먹을 것을 저장하거나 요리를 하기 위해 흙을 구워 그릇을 만들었어요. 이것을 '토기'라고 해요. 가장 많이 만들어진 토기는 겉면에 빗살무늬를 새긴 '빗살무늬 토기'예요. 겉면에 새긴 빗살무늬는 단순히 예쁜 모양을 내기 위한 것이 아니라 토기를 더욱 단단하게 만들기 위해 새긴 것으로 알려져 있어요. 신석기 시대부터 농사를 짓기 시작하면서 토기는 더 많이 사용되었답니다.

⊙ 갈판과 갈돌

대표적인 간석기인 갈판과 갈돌은 농사지어 수확한 곡식을 갈판 위에 놓고 갈돌로 갈아 곡식의 껍질을 벗기거나 곡식을 가루로 만들 때 사용했어요.

⊙ 빗살무늬 토기

• 인류 전 세계의 모든 사람들을 통틀어 일컫는 말이에요.
• 떼다 붙어 있거나 서로 맞닿아 있는 것을 떨어지게 하는 것을 말해요.
• 갈다 날카롭게 날을 만들거나 겉면을 매끄럽게 하기 위하여 다른 물건에 대고 문지르는 일을 말해요.

1주

1
중심 낱말

이 글의 중심 낱말로 알맞은 것은 무엇인가요?   (   )

① 도구   ② 사냥   ③ 농사

2
중심 내용

1 문단 , 2 문단 , 3 문단 의 중심 내용을 알맞게 줄로 이으세요.

1 문단	·		·	신석기 시대 사람들은 토기를 만들어 사용했어요.
2 문단	·		·	돌로 만든 도구를 사용했던 시대를 석기 시대라고 해요.
3 문단	·		·	석기 시대는 구석기 시대와 신석기 시대로 나누어져요.

3
세부 내용

이 글의 내용으로 알맞지 <u>않은</u> 것은 무엇인가요?   (   )

① 구석기 시대 사람들은 농사를 짓기 시작했어요.

② 신석기 시대 사람들은 돌을 갈아서 만든 도구를 사용했어요.

③ 구석기 시대 사람들은 돌을 깨뜨리거나 떼어 내 만든 도구를 사용했어요.

4
내용 추론

빗살무늬 토기에 무늬를 새긴 까닭으로 알맞은 것은 무엇인가요?   (   )

① 토기를 크게 만들기 위해

② 토기를 쉽게 들고 다니기 위해

③ 토기를 더욱 단단하게 만들기 위해

오늘의 **한** 문장 정리

옛날 사람들은 돌로 만든 _____ 를 사용했어요.

산들바람의 일기

🏠 산들바람의 블로그　　✕　　　　　　　　　　　∨ － ⧉ ✕

← → ⟳　https://blog.history.com/Sandeulbaram　　　　　　　☆

내 블로그 | 이웃 블로그 | 블로그 홈 | 로그인

산들바람

부모님 그리고 오빠와 함께 살고 있어요. 매일 일기를 써요.

목록

📋 전체 보기(51)

📋 나의 이야기(41) Ⓝ

　📷 일기(38)

　📷 취미 생활(3)

📋 맛있는 요리(8)

📋 식물 채집(2)

활동 정보 ▲

블로그 이웃 12명
글 보내기 5회

오늘의 일기

 산들바람　　　　　　　　　　　　　　　　　　URL 복사

　오늘은 새 옷을 입게 되어 기분이 무척 좋았다. 나의 옷은 언제나 엄마가 만들어 주신다. 엄마는 **가락바퀴**로 식물의 줄기를 꼬아 실을 만들고 그 실과 **뼈바늘**을 이용해 가죽을 꿰매어 옷을 만드는데, **솜씨**가 정말 대단하시다. 이번 새 옷도 아주 마음에 든다.

　나는 새 옷을 입고 엄마와 함께 밭에서 농사지은 곡식을 **수확했다**. 아빠와 오빠는 강에서 그물에 그물추를 달아 고기잡이를 하여 물고기를 20마리나 잡았다고 했다. 나와 엄마는 갈판과 갈돌을 이용해 수확한 곡식을 갈고, 빗살무늬 토기에 물과 물고기를 넣고 끓여 따뜻한 식사를 만들었다. 가족 모두가 배불리 먹은 후 내일 먹을 음식은 토기에 저장하고, 그러고도 남은 물고기는 이웃집에 나누어 주었다. 내일은 우리 가족이 살고 있는 낡은 **움집**을 수리하기로 했다. 끝나면 예쁜 꽃을 따러 가야지!

• **가락바퀴** 신석기 시대부터 청동기 시대까지 실을 만들 때 사용했던 도구를 말해요.

• **뼈바늘** 물고기의 날카로운 뼈로 만든 바늘을 말해요.

• **솜씨** 손으로 무엇을 만들거나 다루는 재주를 말해요.

• **수확하다** 익거나 다 자란 곡식을 거두어들이는 것을 말해요.

• **움집** 땅을 파고 기둥을 세워 풀과 갈대, 짚을 덮어 만든 집을 말해요.

1 이 일기의 배경이 되는 시대를 찾아 ○표 하세요.

| 구석기 시대 | 신석기 시대 | 청동기 시대 |

2 다음 빈칸에 들어갈 옷 만드는 도구를 이 일기에서 찾아 쓰세요.

옛날 사람들은 _____ 에 있는 둥근 구멍에 막대를
꽂고 돌려서 실을 만들었어요. 이렇게 만든 실과 가죽 조각을 뼈로
만든 바늘로 꿰매어 옷을 만들었어요.

3 이 일기 속 사람들의 생활 모습으로 알맞지 <u>않은</u> 것은 무엇인가요?   (   )

① 도구를 이용해 고기잡이를 했어요.
② 벽돌집을 지어 온 가족이 모여 살았어요.
③ 먹고 남은 음식은 토기에 저장해 두었어요.

4 이 일기에 등장하지 <u>않는</u> 도구는 무엇인가요?   (   )

① 🔺 주먹도끼

② 🔺 갈판과 갈돌

③ 🔺 빗살무늬 토기

2일차 글

커다란 돌의 정체는 무엇일까요?

고창 고인돌 박물관
• 위치: 전라북도 고창군
• 특징: 고인돌과 청동기 시대에 사용된 다양한 도구를 볼 수 있음.

1문단 '고인돌'이라는 낱말을 들어 본 적 있나요? 고인돌은 돌 아래 돌을 **고여** 놓았다고 해서 붙여진 이름이에요. 우리나라는 전 세계에서 고인돌이 가장 많은 나라예요. 고인돌이 특히 많이 모여 있는 전라북도 고창, 전라남도 화순, 인천 강화도의 고인돌 **유적**은 그 가치를 인정받아 **유네스코** 세계 유산에 등재되었어요.

2문단 옛날 사람들은 왜 고인돌을 만들었을까요? 고인돌을 만든 이유는 여러 가지로 짐작돼요. 보통 고인돌은 청동기 시대에 사람들을 다스리던 지배자의 무덤으로 알려져 있어요. 그러나 가족의 공동 무덤, 전쟁터에서 싸우다 죽은 사람들의 무덤으로 짐작되는 고인돌도 있어요. 또한, 다른 고인돌과 떨어져 홀로 우뚝 서 있거나 특이한 무늬가 새겨져 있는 고인돌도 있는데, 이러한 고인돌은 누군가의 무덤이 아니라 제사를 지내는 **제단**으로 쓰인 것으로 짐작돼요. 농사가 잘되기를 바라는 마음을 담아 고인돌을 만들어 하늘에 제사를 지낸 것이지요.

3문단 그렇다면 고인돌은 어떤 모양일까요? 고인돌은 모양에 따라 크게 탁자식 고인돌과 바둑판식 고인돌로 나눌 수 있어요. 탁자식 고인돌은 땅 위에 기둥 역할을 하는 받침돌을 세우고 그 위에 커다란 돌을 올려놓아 마치 탁자처럼 생겼어요. 바둑판식 고인돌은 죽은 사람을 묻고 그 위에 작은 돌을 깔고 난 뒤 커다란 돌을 덮어 마치 바둑판처럼 생겼어요. 이렇게 커다란 고인돌을 만든 옛날 사람들, 정말 대단하지요?

• **고이다** 기울어지거나 쓰러지지 않도록 아래를 받쳐 안정시키는 것을 말해요.
• **유적** 위치를 이동할 수 없는 역사적인 장소를 말해요.
• **유네스코** 나라 간의 문화 교류를 활발히 하기 위해 만든 국제기구예요.
• **제단** 제사를 지내는 흙이나 돌을 쌓아 올린 터를 말해요.

📍 청동기 시대

🔺 비파형 동검

한반도와 그 주변 지역에서는 기원전 2000년경부터 구리에 주석이나 아연을 섞고 불에 녹여 만든 청동이 등장했어요. 청동은 만들기가 어렵고 귀해서 주로 거울, 방울, 칼 등과 같이 하늘에 제사를 지낼 때 사용하는 도구 또는 지배자의 무기나 장신구 등을 만들기 위해 쓰였어요.

오늘의 날짜   월   일

1 이 글의 중심 낱말로 알맞은 것은 무엇인가요?   (   )

중심 낱말

① 고인돌   ② 청동기   ③ 신석기

2 1문단 , 2문단 , 3문단 의 중심 내용을 알맞게 줄로 이으세요.

중심 내용

1문단 ·   · 우리나라는 전 세계에서 고인돌이 가장 많은 나라예요.

2문단 ·   · 고인돌은 모양에 따라 종류를 나눌 수 있어요.

3문단 ·   · 고인돌을 만든 이유는 여러 가지로 짐작돼요.

3 이 글의 내용으로 알맞지 <u>않은</u> 것은 무엇인가요?   (   )

세부 내용

① 청동기 시대의 고인돌은 모두 지배자의 무덤이에요.

② 고인돌은 돌 아래 돌을 고여 놓았다고 해서 붙여진 이름이에요.

③ 고창, 화순, 강화의 고인돌은 유네스코 세계 유산으로 등재되었어요.

4 이 글에서 설명하는 바둑판식 고인돌로 알맞은 것은 무엇인가요?   (   )

내용 추론

①   ②   ③

🐵 오늘의 **한** 문장 정리

옛날 사람들이 만든 _____ 은 무덤 또는 제단이라 짐작되고 있어요.

지문분석 동영상강의

초등 사회 5-2 | 나라의 등장과 발전

미션! 고인돌을 만들어라

1 오늘은 커다란 고인돌을 어떻게 만들었는지 알려 드릴게요.

0:30/4:23

2 가장 먼저 통나무를 땅에 깔고 데굴데굴 굴려서 무거운 덮개돌과 받침돌을 옮겨요.

1:13/4:23

3 옮겨 온 받침돌을 지렛대를 사용해 구덩이에 넣고 세워요.

1:56/4:23

4 세운 받침돌이 파묻히도록 받침돌 주변에 흙을 산 모양으로 쌓아요.

2:39/4:23

5 그리고 다시 한번 통나무를 깔고 굴려서 덮개돌을 끌어 올려요.

3:22/4:23

6 덮개돌을 받침돌 위에 얹은 다음 쌓았던 흙을 치우면 마침내 완성이에요!

4:16/4:23

1 이 동영상의 섬네일로 알맞은 것은 무엇인가요?   (   )

2 이 동영상의 내용으로 맞으면 ○표, 틀리면 ×표 하세요.

⑴ 고인돌을 만들기 위해서는 많은 사람이 필요해요.   (   )

⑵ 커다란 돌 1개만 있으면 고인돌을 만들 수 있어요.   (   )

⑶ 고인돌을 만드는 데 필요한 돌은 통나무를 이용해 옮겨요.   (   )

3 고인돌을 만드는 순서에 따라 알맞게 숫자를 쓰세요.

㉠ 덮개돌과 받침돌 옮기기   (①)

㉡ 지렛대를 사용해 받침돌 세우기   (   )

㉢ 통나무를 이용해 덮개돌 끌어 올리기   (   )

㉣ 덮개돌을 받침돌 위에 얹은 후 흙 치우기   (   )

㉤ 받침돌이 파묻히도록 주변에 산 모양으로 흙 쌓기   (   )

4 이 동영상을 따라서 만든 고인돌의 모습으로 알맞은 것은 무엇인가요? (   )

①    ②    ③

3일차
글

지문분석 동영상강의

고구려의 전성기는 어디에 나타나 있을까요?

충주 고구려비 전시관
• 위치: 충청북도 충주시
• 특징: 한반도에 남아 있는 하나뿐인 고구려 비석인 충주 고구려비를 볼 수 있음.

1 문단 아주 먼 옛날부터 사람들은 중요한 장소나 무덤 앞에 누군가의 활동이나 업적 등을 새긴 돌을 세워 놓고는 했어요. 이렇게 세운 돌을 '비석' 또는 '비'라고 해요. 고구려 사람들도 마찬가지였어요. 고구려는 광개토 대왕과 그의 아들인 장수왕 때 **전성기**를 맞았는데, 전성기를 맞이한 장수왕이 한 일은 무엇일까요? 그것은 바로 비석을 만들어 고구려의 자랑스러운 모습을 널리 알리는 일이었어요.

2 문단 광개토 대왕은 한반도 북쪽으로 고구려의 **영토**를 크게 넓혔어요. 그의 뒤를 이은 장수왕은 아버지의 업적을 **기리고** 싶었어요. 그래서 광개토 대왕릉비를 만든 것이지요. 광개토 대왕릉비는 아파트 3층 정도의 높이로 어마어마한 크기를 자랑해요. 커다란 돌을 반듯하게 다듬지 않고 그대로 비석으로 만들었기 때문에 겉면이 **울퉁불퉁하지요.** 놀라운 사실은 울퉁불퉁한 겉면에 수많은 글자를 새겨 놓았다는 점이에요. 비석에는 고구려 건국 이야기, 광개토 대왕의 업적, 비석을 세우게 된 이유 등이 새겨져 있어요.

3 문단 한편, 장수왕은 한반도 남쪽으로 영토를 넓혀 백제가 차지하고 있던 한강 **유역**을 빼앗아 차지했어요. 이후에는 한반도 중부 지역까지 차지하였지요. 이러한 당시 상황을 알려 주는 비석으로 충주 고구려비가 있어요. 광개토 대왕릉비와 충주 고구려비를 통해 스스로를 천하의 중심이라고 생각했던 고구려의 자신감을 알 수 있답니다.

📍 **광개토 대왕릉비**

사람과 크기를 비교해 보면 얼마나 거대한지 알 수 있지요? 이렇게 거대한 광개토 대왕릉비의 네 면에는 약 1,775자의 글자가 새겨져 있어요.

• **전성기** 어느 집단의 힘이 가장 강한 시기를 말해요.
• **영토** 한 나라의 토지를 말해요.
• **기리다** 뛰어난 업적이나 본받을 만한 정신 등을 칭찬하고 기억하는 것을 말해요.
• **울퉁불퉁하다** 물체의 겉 부분이 여기저기 몹시 나오고 들어가서 고르지 않음을 말해요.
• **유역** 강의 영향을 받는 강의 주변 지역을 말해요.

오늘의날짜   월   일

1
중심 낱말

이 글의 중심 낱말로 알맞은 것은 무엇인가요?   (   )

① 백제 비석   ② 신라 비석   ③ 고구려 비석

2
중심 내용

1 문단 , 2 문단 , 3 문단 의 중심 내용을 알맞게 줄로 이으세요.

 ·

· 장수왕은 아버지의 업적을 기리는
광개토 대왕릉비를 세웠어요.

 ·

· 아주 먼 옛날부터 사람들은 중요한 장소나
무덤 앞에 비석을 세웠어요.

 ·

· 장수왕의 정복 활동은 충주 고구려비를 통해
짐작할 수 있어요.

3
세부 내용

이 글의 내용으로 알맞지 <u>않은</u> 것은 무엇인가요?   (   )

① 장수왕은 고구려의 전성기를 이끈 왕이에요.
② 광개토 대왕릉비는 아파트 3층 정도의 높이로 매우 커요.
③ 광개토 대왕은 자신의 업적을 널리 알리고자 비석을 세웠어요.

4
내용 추론

충주 고구려비를 통해 짐작할 수 있는 내용으로 알맞은 것을 찾아 ○표 하세요.

| 고구려 건국 이야기 | 광개토 대왕의 업적 | 한반도 중부 지역 차지 |

 오늘의 **한** 문장 정리

_____ 에는 광개토 대왕의 업적이, 충주 고구려비에는 장수왕의
업적이 기록되어 있어요.

3일차 — 인터뷰

한반도에서 발견된 문화유산

결국 우리가 해냈어!

우리의 발견은 역사에 남을 것이야.

최 기자
안녕하세요. 여러분이 충청북도 충주의 한 마을에서 고구려 비석을 발견하셨다는 것이 사실인가요? 이야기를 들려주세요.

회장
저희 **향토** 문화재 동호회는 그동안 충주에 분명 의미 있는 문화유산이 있을 것이라고 확신했어요. 그리고 마침내 충주 고구려비를 찾아냈지요!

최 기자
고구려의 대표적인 비석인 광개토 대왕릉비는 현재 중국에 있어요. 충주 고구려비는 **유일하게** 한반도에 있는 고구려 비석이라는 점에서 역사적 가치가 정말 큰 것 같습니다.

회장
저희가 발견한 비석은 오랜 세월이 흘러 이끼가 덮이고 겉면의 **마모**가 심해 정확한 내용을 파악하기 어려웠어요. 여러 학자들의 연구 끝에 고구려가 한강 유역의 여러 성을 차지한 후 세운 기념비라는 게 밝혀졌을 때 얼마나 기뻤는지 모르겠어요.

최 기자
네. 인터뷰 감사합니다. 시청자 여러분들도 동네에 있는 돌을 눈여겨보세요. 그 돌이 역사의 비밀을 밝힐 엄청난 물건일지 모를 일입니다.

- 향토 시골이나 어떤 지방의 자연, 풍속, 정서 등을 말해요.
- 유일하다 오직 하나만 있는 것을 말해요.
- 마모 마찰이 일어난 부분이 닳아서 작아지거나 없어지는 것을 말해요.

1 이 인터뷰에서 다루고 있는 문화유산은 무엇인가요?   (   )

① 충주 고구려비   ② 광개토 대왕릉비   ③ 단양 신라 적성비

2 이 인터뷰를 통해 알 수 있는 비석이 발견된 위치는 어디인가요?   (   )

3 다음 (   ) 안에 들어갈 나라는 어디인가요?   (   )

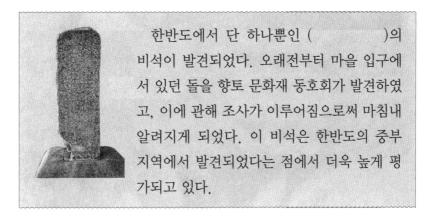

한반도에서 단 하나뿐인 (   )의 비석이 발견되었다. 오래전부터 마을 입구에서 있던 돌을 향토 문화재 동호회가 발견하였고, 이에 관해 조사가 이루어짐으로써 마침내 알려지게 되었다. 이 비석은 한반도의 중부 지역에서 발견되었다는 점에서 더욱 높게 평가되고 있다.

① 신라   ② 발해   ③ 고구려

4 이 인터뷰의 내용으로 맞으면 ○표, 틀리면 ×표 하세요.

(1) 비석은 깨끗한 모습으로 발견되었어요.   (   )

(2) 비석은 고구려가 삼국을 통일한 기념으로 세웠어요.   (   )

4일차
글

★★★
진흥왕의 업적은 어디에 새겨져 있을까요?

창녕 만옥정 공원
- 위치: 경상남도 창녕군
- 특징: 창녕 신라 진흥왕 척경비를 볼 수 있음.

📍 **진흥왕이 한강 유역을 차지한 것을 기념한 이유**

한강 유역은 넓은 평야가 있어 농사짓기에 좋았고, 강을 통해 중국의 발전된 문물을 쉽게 받아들일 수 있었어요. 그래서 고구려, 백제, 신라 모두가 한강 유역을 탐냈어요.

📍 **단양 신라 적성비**

진흥왕은 지금의 충청도 단양의 적성 지역을 차지한 뒤 단양 신라 적성비를 세우기도 했어요. 이 비석은 진흥왕이 단양을 직접 방문해 세운 것은 아니에요.

1 문단 고구려, 백제, 신라의 삼국 중에서 신라는 가장 늦게 전성기를 맞았어요. 신라의 전성기를 이끈 왕은 진흥왕으로, 적극적인 **정복** 전쟁을 통해 서쪽과 북쪽으로 신라의 영토를 크게 넓혔어요.

2 문단 영토를 크게 넓힌 진흥왕은 새롭게 **점령한** 땅을 직접 방문하며 이 땅이 신라의 땅임을 널리 알리기 위해 비석을 세웠어요. 진흥왕은 남쪽으로는 대가야를 정복해 창녕 신라 진흥왕 **척경비**를 세웠고, 북쪽으로는 고구려를 공격해 오늘날 북한 함경도 지역까지 진출한 뒤 마운령 신라 진흥왕 **순수비**와 황초령 신라 진흥왕 순수비를 세웠어요. 또한 진흥왕은 백제와 힘을 합쳐 고구려를 공격해 고구려의 땅이었던 한강 상류를 차지하였는데, 얼마 후 나머지 한강 유역을 놓고 백제와 전쟁을 벌여 한강 하류까지 모두 차지하였어요. 한강 유역을 전부 차지한 진흥왕은 이곳을 두루 돌아본 후 한강 유역을 차지한 것을 기념하기 위해 북한산 꼭대기에 서울 북한산 신라 진흥왕 순수비를 세웠어요. 신라의 전성기를 이끈 진흥왕의 업적은 여러 개의 비석에 새겨져 오늘날까지도 전해지고 있답니다.

🔺 창녕 신라 진흥왕 척경비

🔺 마운령 신라 진흥왕 순수비

🔺 황초령 신라 진흥왕 순수비

🔺 서울 북한산 신라 진흥왕 순수비

- **정복** 다른 민족이나 나라를 공격하여 복종시키는 것을 말해요.
- **점령하다** 힘으로 어떤 장소나 공간을 빼앗아 가지는 것을 말해요.
- **척경비** 영토를 개척하고 세운 비석을 말해요.
- **순수비** 왕이 나라 안을 두루 살피며 돌아다닌 곳을 기념하기 위해 세운 비석을 말해요.

오늘의 날짜 　　 월 　　 일

1
중심 낱말

이 글의 중심 낱말로 알맞은 것은 무엇인가요? 　　　(　　)

① 한강　　　　　　② 비석　　　　　　③ 북한산

2
중심 내용

1문단 , 2문단 의 중심 내용을 알맞게 줄로 이으세요.

1문단 ・

・ 진흥왕은 신라의 전성기를 이끌며 신라의 영토를 크게 넓혔어요.

2문단 ・

・ 진흥왕은 새롭게 점령한 땅이 신라의 땅임을 알리기 위해 비석을 세웠어요.

3
내용 추론

진흥왕이 창녕 신라 진흥왕 척경비를 세운 까닭으로 알맞은 것은 무엇인가요?

(　　)

① 대가야를 정복한 것을 기념하려고
② 한강 상류를 차지한 것을 기념하려고
③ 함경도 지역을 차지한 것을 기념하려고

4
어휘 표현

다음 빈칸에 들어갈 알맞은 말을 이 글에서 찾아 쓰세요.

백제와 전쟁을 벌여 한강 유역을 전부 차지한 신라 진흥왕은 이 지역을 돌아본 후 북한산 꼭대기에 ＿＿＿＿＿＿＿＿＿＿＿＿＿＿ 을/를 세웠어요.

🐵 오늘의 한 문장 정리

신라의 전성기를 이끈 ＿＿＿＿＿＿은 다양한 비석을 세웠어요.

4일차 SNS

신라 청년의 결심을 새긴 비석

eduwill　　🔇 HD .ull 📶 🔋 12:29

📷　　　POST　　　✈

신라 청년(Silla guy)　　⋮

♡　◯　▽　　　　🔖

좋아요 422개

신라 청년(Silla guy) 오늘 나는 제일 친한 친구와 함께 3년 동안 유교의 경전을 열심히 공부하기로 약속했다. 공부해야 하는 책이 『시경』, 『상서』, 『예기』, 『춘추전』까지 4권이나 되는구나. 갈 길이 아주 멀게 느껴지지만 그래도 힘내야겠다. 앞으로 놀이판에는 가지 않을 것이니 섭섭하게 생각 마.

1년 전

🏠　◯　➕　♡　👤

eduwill　　🔇 HD .ull 📶 🔋 12:30

📷　　　POST　　　✈

신라 청년(Silla guy)　　⋮

♡　◯　▽　　　　🔖

좋아요 614개

신라 청년(Silla guy) 유교 경전을 공부하여 나라에 충성하기로 했던 작년의 서약을 비석에 새겼다. 올해가 임신년이고 우리의 서약을 기록한 돌이니 비석의 이름을 '임신서기석'으로 하면 어떨까? 약속을 어기면 하늘로부터 큰 벌을 받아도 좋다고 맹세하였으니 이제부터는 정말 공부에 집중하자!

4시간 전

🏠　◯　➕　♡　👤

- 유교 공자의 가르침을 따르며 나라에 충성하고 부모님에게 효도하는 것을 중요하게 생각하는 학문을 말해요.
- 경전 오래전 지혜로웠던 사람들의 가르침을 적은 책을 말해요.
- 서약 굳게 다짐하거나 약속하는 것을 말해요.

1 이 SNS에 나온 비석의 이름은 무엇인가요?   (   )

① 임신서기석   ② 진흥왕 순수비   ③ 광개토 대왕릉비

2 다음 빈칸에 들어갈 알맞은 낱말을 〈보기〉에서 찾아 쓰세요.

─────────〈 보기 〉─────────

유교   불교   기독교

비석에 새겨진 글을 통해 신라에서 _____ 의 경전을 가르쳤음을 알 수 있어요.

3 이 SNS의 내용으로 알맞지 <u>않은</u> 것은 무엇인가요?   (   )

① 신라 청년들이 공부해야 할 책은 4권이에요.
② 신라 청년들은 전투에서 승리한 것을 기념하여 비석을 만들었어요.
③ 신라 청년들은 약속을 어기면 하늘로부터 큰 벌을 받아도 좋다고 맹세했어요.

4 다음 (   ) 안에 들어갈 알맞은 숫자를 골라 ○표 하세요.

임신년에 두 사람이 함께 맹세하고 기록한다.

......

『시경』, 『상서』, 『예기』, 『춘추전』을 차례로 공부하기를 맹세하며 기간은 (3 , 5)년으로 한다.

5일차 글

지문분석 동영상강의

가야의 문화는 어떠했을까요?

국립 김해 박물관
• 위치: 경상남도 김해시
• 특징: 가야의 문화유산에 특화된 박물관으로, 다양한 가야 문화유산을 볼 수 있음.

1문단 금관가야, 대가야 등 여러 개의 작은 나라가 **연합한** 가야는 '철의 나라'라고 불릴 정도로 질 좋은 철을 많이 생산했어요. 그래서 금관가야와 대가야를 중심으로 철기 문화가 발달했지요. 가야 사람들은 철로 다양한 도구를 만들고, 옮기거나 다루기 쉬운 **덩이쇠**를 화폐처럼 사용했어요. 가야의 철제 갑옷은 여러 장의 얇은 철판을 이어 만든 갑옷으로, 철을 다루는 가야의 기술이 뛰어났음을 보여 줘요. 가야는 질 좋은 철과 이 철로 만든 물건들을 일본에 수출하기도 했어요.

⬢ 덩이쇠 ⬢ 가야 철제 갑옷

🔵 **가야의 말 갑옷**

가야의 말도 사람처럼 무거운 철제 갑옷을 입고 투구를 썼어요.

2문단 가야는 철뿐만 아니라 토기도 잘 만들었어요. 가야 토기 중에서는 집이나 수레바퀴 모양 등 독특한 모양을 가진 것도 있어요. 또한, 가야의 토기는 높은 온도로 구워 단단하고 가벼웠는데 이러한 토기는 금관가야에서 먼저 만들어져 대가야를 비롯한 다른 지역으로 퍼져 나갔어요. 가야 토기는 일본에까지 전해져 일본의 토기 문화 발달에 큰 도움을 주기도 했답니다.

🔵 **일본의 스에키 토기**

일본의 스에키 토기는 가야 토기의 영향을 받아 만들어졌어요. 가야 토기와 모양이 비슷하지요.

⬢ 가야 토기 ⬢ 집 모양 토기 ⬢ 수레바퀴 모양 토기

• **연합하다** 여러 조직이 서로 합쳐 하나의 조직이 되는 것을 말해요.
• **덩이쇠** 철로 만든 직사각형 모양의 판이에요. 철제 도구를 만드는 재료로 사용할 수 있었어요.

1

중심 낱말

1문단 의 중심 낱말로 알맞은 것은 무엇인가요?   (   )

① 철기 문화   ② 토기 문화   ③ 주거 문화

2

중심 내용

1문단 , **2문단** 의 중심 내용을 알맞게 줄로 이으세요.

1문단 •	• 가야는 독특한 모양의 토기를 만들었어요.
2문단 •	• 가야는 철기 문화가 크게 발달했어요.

3

세부 내용

이 글의 내용으로 맞으면 ○표, 틀리면 ×표 하세요.

⑴ 가야는 덩이쇠를 화폐처럼 사용했어요.   (   )

⑵ 가야 토기는 낮은 온도로 구워 단단하고 무거웠어요.   (   )

⑶ 가야 토기는 일본의 토기 문화 발달에 큰 도움을 주었어요.   (   )

4

어휘 표현

다음 빈칸에 들어갈 알맞은 낱말을 이 글에서 찾아 쓰세요.

가야는 여러 장의 얇은 철판을 이어 만든 철제 _____
을/를 만들었어요. 사람의 체형에 맞춰 가볍게 만들어진 것으로 보
아 철을 다루는 가야의 기술이 뛰어났음을 짐작할 수 있어요.

 오늘의 **한** 문장 정리

_____ 는 철기 문화와 토기 문화가 발달했어요.

둥근 무덤 속에 숨겨진 가야의 역사

에듀윌박물관 × +

https://eduwillmuseum.com/Gaya

에듀윌박물관

EDUWILL MUSEUM

박물관 소개 　전시 안내　 소장품 안내　 교육 안내 　자료실 　공지 사항

대가야의 비밀을 간직한 고령 지산동 고분군 ▶진행 중 ★특별 전시

⌂ > 전시 안내 > 온라인 전시

옛 대가야 지역의 흔적이 남아 있는 경상북도 고령에는 가야 무덤 중 가장 큰 규모를 자랑하는 지산동 고분군이 있습니다. 왕과 지배층의 무덤으로 짐작되는 이 무덤에서는 가야 토기와 함께 금동관, 철제 갑옷과 말 갑옷 등 다양한 **유물**이 **출토되었습니다.** 또한 왕이나 귀족이 죽으면 무덤에 그들을 따르던 사람들을 같이 묻는 순장의 흔적도 발견되었습니다. 대가야의 비밀을 간직한 고령 지산동 고분군, 지금 전시에서 만나 보세요.

▶ **고령 지산동 32호분 출토 금동관** 자세히 보기

▶ **고령 지산동 고분군 발굴 현장 사진** 자세히 보기

가야의 왕관은 신라의 왕관과 달리 일정한 형태나 규칙을 가지지 않고 다양한 모양으로 만들어졌습니다.

무덤의 주인이 묻힌 가운데에 있는 방을 중심으로 함께 순장된 사람들을 눕힌 방이 둘러싸고 있습니다.

• **유물** 유적과 달리 크기가 작아 들고 이동할 수 있는 역사적인 물건이에요.

• **출토되다** 땅속에 묻혀 있던 오래된 물건이 밖으로 파내어진 것을 말해요.

1 이 전시와 관련된 나라는 어디인가요?   (   )

① 대가야   ② 아라가야   ③ 금관가야

2 이 전시의 내용으로 맞으면 ○표, 틀리면 ×표 하세요.

(1) 고령 지산동 고분군은 가야 무덤 중 가장 규모가 커요.   (   )

(2) 고령 지산동 고분군에서 신라의 금동관이 출토되었어요.   (   )

(3) 고령 지산동 고분군은 백성의 무덤으로 짐작되고 있어요.   (   )

3 고령 지산동 고분군에서 발견된 유물은 무엇인가요?   (   )

①    ②    ③

4 다음 빈칸에 들어갈 알맞은 낱말을 이 전시에서 찾아 쓰세요.

_____ 은/는 왕이나 귀족 등 지배층이 죽었을 때 그 사람을 따르던 사람들을 함께 무덤에 묻는 풍습이에요. 옛날 사람들은 죽음 이후에도 삶이 계속될 것이라 믿고 죽은 사람을 따르던 사람들을 데리고 가려 했어요.

1 밑줄 친 낱말의 뜻을 알맞게 줄로 이으세요.

광개토 대왕릉비의 겉면은 <u>울퉁불퉁해요</u>.	위치를 이동할 수 없는 역사적인 장소
고령 지산동 고분군에서 가야의 유물이 <u>출토되었어요</u>.	땅속에 묻혀 있던 오래된 물건이 밖으로 파내어지다.
고창, 화순, 강화의 고인돌 <u>유적</u>은 유네스코 세계 유산이에요.	붙어 있거나 서로 맞닿아 있는 것을 떨어지게 하다.
신라 청년들은 유교의 <u>경전</u>을 공부하기로 약속했어요.	오직 하나만 있다.
충주 고구려비는 한반도에 있는 <u>유일한</u> 고구려 비석이에요.	오래전 지혜로웠던 사람들의 가르침을 적은 책
구석기 시대 사람들은 돌을 <u>떼어</u> 내 만든 도구를 사용했어요.	물체의 겉 부분이 여기저기 몹시 나오고 들어가서 고르지 않다.

2 밑줄 친 낱말과 뜻이 비슷한 낱말을 〈보기〉에서 찾아 빈칸에 쓰세요.

──────────〈 보기 〉──────────

| 땅 | 묻다 | 모이다 | 차지하다 | 찬양하다 |

(1) 가야는 여러 개의 작은 나라가 **연합한** 나라예요.   _____
여러 조직이 서로 합쳐 하나의 조직이 되다.

(2) 장수왕은 광개토 대왕의 업적을 **기리고** 싶었어요.   _____
뛰어난 업적이나 본받을 만한 정신 등을 칭찬하고 기억하다.

(3) 진흥왕은 서쪽과 북쪽으로 신라의 **영토**를 크게 넓혔어요.   _____
한 나라의 토지

(4) 진흥왕은 새롭게 **점령한** 지역을 방문해 비석을 세웠어요.   _____
힘으로 어떤 장소나 공간을 빼앗아 가지다.

(5) 고대에는 왕이 죽으면 그들을 따르던 사람을 함께 **매장했어요.**   _____
죽은 사람이나 유골을 땅속에 파묻다.

3 다음 문장의 밑줄 친 낱말을 바르게 고쳐 빈칸에 쓰세요.

(1) 옛날 사람들은 **다락바퀴**를 이용해 실을 만들었어요.   _____

(2) 고인돌은 제사를 지내는 **재단**으로 사용되기도 했어요.   _____

(3) 신라는 삼국 중 가장 늦게 **정성기**를 맞이하게 되었어요.   _____

(4) 충주 고구려비는 세월이 많이 흘러 겉면의 **바보**가 심했어요.   _____

(5) 진흥왕은 적극적인 **정벅** 전쟁을 통해 영토를 크게 넓혔어요.   _____

2주

1일

고구려 고분 벽화

고분 벽화를 통해 당시
사람들의 생활 모습을
엿볼 수 있어요.

4~5세기 추정
무용총 축조

2일

백제 무덤

백제는 도읍을 옮기는
과정에서 다양한 무덤을
만들었어요.

501년
백제, 무령왕 즉위

연표를 따라가며 **2주차**에 만날 문화유산의 **이름과 특징**을 살펴보세요.

3일

신라 무덤

돌무지덧널무덤에서는
신라의 다양한 유물이
발견되었어요.

4일

신라 금관

신라 왕은 금을
얇게 펴서 화려한
장식을 한 금관을 썼어요.

5일

백제 금속 공예

백제는 우수한 금속 공예
기술로 다양한 공예품을
만들었어요.

4~6세기 추정
황남대총 축조

538년
백제, 사비 천도

6세기 추정
천마총 축조

6~7세기 추정
백제 금동 대향로 제작

1일차 글

지문분석 동영상강의

고구려 무덤 안에 그림이 많이 그려져 있는 까닭은 무엇일까요?

국립 중앙 박물관
• 위치: 서울특별시 용산구
• 특징: 선사·고대관 고구려 실에서 고구려 무덤에서 출토된 유물과 복원한 고분 벽화를 볼 수 있음.

1 문단 '고분'이란 낱말을 알고 있나요? 고분은 옛날 사람들이 남긴 무덤을 말해요. 삼국 시대에는 왕이나 귀족의 무덤 벽과 천장에 그림을 그렸어요. 이 그림을 '고분 벽화'라고 하지요. 고분 벽화는 삼국 중 특히 고구려의 무덤에 많이 그려져 있어요. 벽화의 내용도 집주인이 손님을 맞이하는 모습(**접객**), 사냥하는 모습, 씨름하는 모습, 사람이 춤추는 모습, 귀족 집의 부엌, **사신도** 등 다양해요. 고구려의 고분 벽화를 통해 당시 사람들의 생활 모습과 종교 등을 엿볼 수 있어요.

2 문단 그렇다면 고구려의 무덤에 고분 벽화가 많이 그려진 까닭은 무엇일까요? 그것은 무덤을 만들 때 돌로 통로를 길게 **굴**처럼 만든 후 안쪽에 돌로 된 넓은 방을 만들었기 때문이에요. 고구려 사람들은 이 무덤 안에 있는 돌방의 벽과 천장에 그림을 그렸어요. 이렇게 생긴 무덤을 '굴식 돌방무덤'이라고 해요. 고구려 초기에는 장군총처럼 돌을 쌓아서 만든 '돌무지무덤'을 만들었지만 시간이 흐르면서 점차 굴식 돌방무덤을 많이 만들었어요.

📍 **장군총**

중국 지안에 있는 고구려의 무덤이에요. 피라미드처럼 돌을 쌓아 만든 돌무지무덤으로, 광개토 대왕 또는 장수왕의 무덤으로 짐작되고 있어요.

🔺 무용총의 접객도

🔺 강서대묘의 현무도

• **접객** 손님을 맞이하여 보살피는 일을 말해요.
• **사신도** 도교에서 생각하는 네 가지 방위를 나타내는 신을 그린 그림을 말해요. 동쪽은 청룡, 서쪽은 백호, 북쪽은 현무, 남쪽은 주작이 방위를 나타내는 신이에요.
• **굴** 땅이나 바위가 안으로 깊고 길게 파인 곳을 말해요.

오늘의 날짜   월   일

1

중심 낱말

이 글의 중심 낱말로 알맞은 것은 무엇인가요?   (   )

① 궁궐   ② 불교   ③ 고분 벽화

2

중심 내용

 , **2 문단** 의 중심 내용을 알맞게 줄로 이으세요.

1 문단 ·

· 고구려의 고분 벽화를 통해 당시 사람들의 생활 모습을 엿볼 수 있어요.

2 문단 ·

· 고구려는 무덤 안에 넓은 방이 있어 고분 벽화가 많이 그려졌어요.

3

세부 내용

이 글의 내용으로 맞으면 ○표, 틀리면 ×표 하세요.

(1) 장군총은 돌을 쌓아서 만든 돌무지무덤이에요.   (   )

(2) 고구려는 돌로 된 넓은 방이 있는 무덤만 만들었어요.   (   )

(3) 고구려의 무덤에는 다양한 내용을 담은 벽화가 그려져 있어요.   (   )

4

어휘 표현

다음 빈칸에 들어갈 알맞은 말을 이 글에서 찾아 쓰세요.

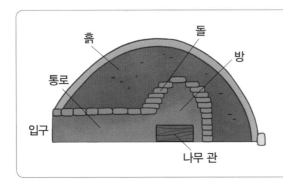

고구려는 무덤을 만들 때 돌로 통로를 만든 후 안쪽에 돌로 된 넓은 방을 만들었어요. 고구려 사람들은 돌방의 벽과 천장에 그림을 그렸어요. 이러한 무덤을 ＿＿＿＿＿＿＿＿＿＿＿ 이라고 해요.

 오늘의 **한** 문장 정리

고구려의 ＿＿＿＿＿＿＿ 를 통해 고구려 사람들의 생활 모습을 짐작할 수 있어요.

1일차
게임

지문분석 동영상강의

고분 벽화 속 고구려 사람들의 생활 모습

마을 아이

고분 벽화를 통해 고구려 사람들의 생활 모습을
알아보는 중이야. 나를 도와주지 않을래?

✔ 수락한다   ✖ 거절한다

퀘스트 ▶ 마을 아이를 도와 고구려 고분 벽화를 조사하자

❶ 무용총의 수렵도

말을 타고 사슴, 호랑이에게 활을 쏘는 것을 보아 고구려
사람들은 사냥을 즐겼을 거야.

❷ 무용총의 무용도

검은색 물방울무늬 옷을 입은 사람들이 같은 동작으
로 춤을 추고 있네. 요즘 아이돌 가수 같은걸?

❸ 수산리 고분의 교예도

교예를 하는 사람을 보는 부부의 모습이 그려져 있어.
신분에 따라 사람들의 크기가 다르게 그려져 있구나.

❹ 각저총의 씨름도

씨름을 하고 있는 두 사람 중 왼쪽 사람의 코 모양을
보니 서역에서 온 사람으로 짐작되는걸.

• 교예 북한에서 곡예를 부르는 말인데, 곡예는 줄타기와 재주넘기 등을 하는 서커스를 말해요.
• 서역 중국 서쪽에 있던 나라를 통틀어 부르던 말로 중앙아시아, 인도, 서부 아시아 지역을 말해요.

오늘의날짜   월   일

1 이 게임에서 조사한 무덤이 <u>아닌</u> 것은 무엇인가요?   (   )

① 무용총   ② 각저총   ③ 강서대묘

2 고구려 고분 벽화의 내용으로 맞으면 ○표, 틀리면 ×표 하세요.

(1) 고구려 사람들은 사냥을 즐겼어요.   (   )
(2) 고구려에는 서역에서 온 사람이 있었어요.   (   )
(3) 고구려 사람들은 검은색 물방울무늬 옷을 입기도 했어요.   (   )

3 다음 빈칸에 들어갈 알맞은 퍼즐 조각은 무엇인가요?   (   )

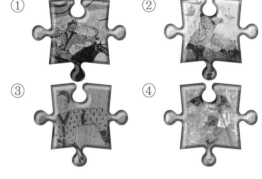

4 다음 (   ) 안에 들어갈 질문으로 적절한 것은 무엇인가요?   (   )

질문: (   )
답변: 수산리 고분에 그려진 교예도에는 곡예를 하는
사람과 이를 보는 사람의 크기가 다르게 그려져
있어요. 이것은 신분의 높고 낮음에 따라 사람
의 크기를 다르게 그렸기 때문이에요.

◑ 수산리 고분의 교예도 일부(복원)

① 고구려 사람들이 먹었던 음식은 무엇인가요?
② 사람들의 크기가 다르게 그려진 까닭은 무엇인가요?

백제 사람들은 죽으면 어떤 곳에 묻혔을까요?

서울 석촌동 고분군
· 위치: 서울특별시 송파구
· 특징: 고구려의 영향을 받아 만들어진 백제의 돌무지무덤을 볼 수 있음.

📍 **지석**

무령왕릉에서 발견된 네모난 모양의 돌이에요. 이 돌에는 무령왕과 왕비의 무덤으로 사용할 땅을 땅의 신에게 사들였다는 내용이 새겨져 있어요.

📍 **진묘수**

무령왕릉을 지키던 조각상으로, 진묘수는 나쁜 귀신이나 도둑이 들어오지 못하도록 지키는 상상 속 동물이에요.

1문단 백제 사람들은 어떤 무덤을 만들었을까요? 백제는 한강 유역에 있는 한성(서울)을 **도읍**으로 하여 나라를 세운 후 웅진(공주), 사비(부여)로 도읍을 여러 번 옮겼어요. 그 과정에서 다양한 형태의 무덤이 만들어졌는데, 무덤의 종류가 무려 18가지나 된다고 해요. 대표적인 형태로는 돌무지무덤, 굴식 돌방무덤, 벽돌무덤이 있어요. 백제는 한성이 도읍이던 시기에 고구려와 비슷한 형태의 돌무지무덤을 만들었어요. 그리고 웅진으로 도읍을 옮긴 뒤에는 굴식 돌방무덤이나 벽돌무덤을 만들었으며, 사비를 도읍으로 삼던 시기에는 굴식 돌방무덤을 만들었어요.

2문단 벽돌무덤은 당시 중국 남쪽에 있던 양나라의 영향을 받아 만들어졌어요. 대표적인 벽돌무덤은 공주 무령왕릉으로, 벽돌을 쌓아 무덤의 내부를 만들었지요. 무령왕릉은 홍수에 대비해 **배수로** 공사를 하던 중 우연히 발견되었어요. 무덤의 **발굴** 과정에서 입구에 놓인 지석에 무령왕의 이름이 새겨져 있어 무덤의 주인이 누구인지 알 수 있었지요. 무령왕릉에서는 무덤을 지키는 진묘수, 무령왕과 왕비의 장신구, 청동 거울, 중국의 화폐 등 엄청난 양의 유물이 발견되었답니다.

🔺 공주 무령왕릉의 내부(복원)

· 도읍 나라의 수도를 말해요.
· 배수로 물이 빠져나갈 수 있도록 만든 길을 말해요.
· 발굴 땅속이나 흙더미, 돌 더미 속에 묻혀 있는 것을 찾아 파내는 것을 말해요.

1 이 글의 중심 낱말로 알맞은 것은 무엇인가요? (   )

중심 낱말

① 백제 무덤   ② 신라 무덤   ③ 고구려 무덤

2 1문단 , 2문단 의 중심 내용을 알맞게 줄로 이으세요.

중심 내용

1문단 ・

2문단 ・

・ 무령왕릉은 대표적인 벽돌무덤으로, 많은 유물이 발견되었어요.

・ 백제 사람들은 다양한 형태의 무덤을 만들었어요.

3 이 글의 내용으로 맞으면 ○표, 틀리면 ×표 하세요.

세부 내용

(1) 백제는 한성, 웅진, 사비로 도읍을 여러 번 옮겼어요. (   )

(2) 공주 무령왕릉은 일본의 영향을 받아 만들어진 무덤이에요. (   )

(3) 백제는 한성 시기에 고구려와 비슷한 형태의 무덤을 만들었어요. (   )

4 다음 빈칸에 들어갈 알맞은 말을 이 글에서 찾아 쓰세요.

어휘 표현

충청남도 공주시 송산리에 있는 _____ 은/는 백제의 왕릉 중에서는 주인을 확실히 알 수 있는 유일한 왕릉이에요. 이곳에서는 백제의 문화유산뿐만 아니라 중국의 문화유산과 일본의 소나무로 만든 관이 발견되었어요.

😀 오늘의 한 문장 정리

백제가 _____ 을 옮기는 과정에서 다양한 형태의 무덤이 만들어졌어요.

2일차

온라인 대화

잠에서 깨어난 백제의 보물

에듀윌 한국사연구소

 박성현 연구원

박사님. 충청남도 공주 송산리에서 무령왕과 왕비가 함께 묻힌 무덤인 무령왕릉이 발견되었다는 소식을 들으셨나요? 현장에 나가 있는 친구가 사진을 보내 줬는데 정말 엄청납니다.

이서연 박사

그렇지 않아도 소식을 듣고 지금 공주로 가는 중입니다. 제게도 그 사진을 보내 주실래요?

 박성현 연구원

▲ 무령왕 금제 관식

▲ 무령왕비 금귀걸이

▲ 무령왕 금제 뒤꽂이

이서연 박사

금으로 만든 화려한 **금제 관식**과 장신구가 멋져요. 세월이 많이 흘러 유물들이 **훼손되었으면** 어쩌나 걱정했는데, 이렇게 본래의 모습 그대로 발견된 것이 기적이네요.

 박성현 연구원

▲ 무령왕릉에서 발견된 관(복원)

▲ 오수전

▲ 무령왕릉 청동 거울

 박성현 연구원

무령왕릉에서 발견된 관은 일본에서 자라는 소나무로 만들어졌대요. 또한 중국의 화폐인 오수전과 중국의 거울을 **모방한** 청동 거울이 발견된 것으로 보아 백제가 일본 및 중국과 활발하게 교류했음을 알 수 있어요.

- 금제 관식 왕관을 장식하기 위해 금으로 만든 장식으로, 보통 무령왕과 왕비의 금제 관식을 말해요.
- 훼손되다 무너지거나 깨져 못 쓰게 되는 것을 말해요.
- 모방하다 다른 것을 따라 하거나 남의 행동을 흉내 내는 것을 말해요.

오늘의 날짜   월   일

1 무령왕릉이 발견된 지역은 어디인가요?   (   )

① 경주 봉길리   ② 공주 송산리   ③ 부여 능산리

2 이 대화의 내용으로 맞으면 ○표, 틀리면 ×표 하세요.

(1) 무령왕릉은 왕과 왕비가 함께 묻힌 무덤이에요.   (   )

(2) 무령왕릉에서는 다른 나라의 화폐가 발견되었어요.   (   )

(3) 무령왕릉의 유물은 모두 훼손된 상태로 발견되었어요.   (   )

3 무령왕릉에서 발견된 유물이 <u>아닌</u> 것은 무엇인가요?   (   )

 ①    ②    ③

4 백제와 교류가 있던 것으로 짐작되는 나라를 모두 찾아 ○표 하세요.

중국   일본   미국

지문분석 동영상강의

3일차
글

신라 무덤에서 유물이 발견될 수 있던 까닭은 무엇일까요?

경주 대릉원
· 위치: 경상북도 경주시
· 특징: 천마총, 황남대총을 비롯한 23개의 신라 무덤이 모여 있음.

1문단 신라는 백제나 고구려와 달리 한 번도 도읍을 옮기지 않았어요. 그래서 오랜 세월 동안 신라의 도읍이었던 경주에 가면 다양한 신라의 무덤을 볼 수 있지요. 1970년대 정부는 경주에 있는 신라의 무덤을 발굴해 사람들이 이를 보러 경주에 많이 오기를 바랐어요. 그래서 한 무덤을 발굴하기 시작했는데, 이 무덤에서 깜짝 놀랄 유물들이 발견되었어요. 금관, 금팔찌, 금귀걸이 등 금으로 만든 화려한 장신구와 하늘을 나는 듯한 동물이 그려진 **말다래** 등 수많은 유물이 그것이지요. 하늘을 나는 듯한 동물이 그려진 말다래는 이후 '경주 천마총 장니 천마도'라고 부르게 되었고, 이 유물이 발견된 무덤을 '경주 천마총'이라 부르게 됐어요. 이후 또 다른 무덤인 경주 황남대총도 발굴했는데, 여기서도 금관, 금목걸이 등 희귀하고도 화려한 장신구가 많이 발견되었어요. 또한 머나먼 서역에서 사용하던 '로만글라스'라고 불리는 유리병과 유리잔도 발견되었어요.

2문단 그렇다면 천마총, 황남대총과 같은 무덤에서 유물이 발견된 까닭은 무엇일까요? 그것은 두 무덤이 나무로 덧널을 만들고 그 위에 돌을 쌓은 뒤 흙을 덮어 만든 돌무지덧널무덤이기 때문이에요. 돌무지덧널무덤은 입구가 없어 유물이 있는 나무 덧널에까지 닿으려면 흙과 돌을 모두 옮겨야 해요. 이 무덤은 벽화를 그릴 수는 없지만 **도굴**이 어렵답니다.

경주 천마총 장니 천마도

천마도 복원도
하늘을 나는 듯한 동물을 자작나무에 그린 그림으로, 신라의 그림 중에서는 색깔이 온전히 남아 있는 유일한 그림이에요. 최근에는 그림에 그려진 동물이 좋은 기운을 가져다준다는 상상의 동물인 기린이라고 보는 사람도 있어요.

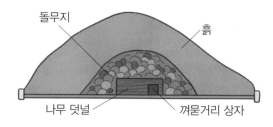

돌무지 / 흙 / 나무 덧널 / 껴묻거리 상자

· 말다래 말을 탄 사람의 옷에 흙이 튀지 않도록 가죽 같은 것을 말의 양옆에 매다는 기구를 말해요.
· 도굴 허락을 받지 않고 고분을 파헤쳐 유물을 훔치는 짓을 말해요.

오늘의 날짜　　월　　일

1
중심 낱말

이 글의 중심 낱말로 알맞은 것은 무엇인가요?　　　　　　（　　　　）

① 신라 무덤　　　　　② 백제 무덤　　　　　③ 고구려 무덤

2주

2
중심 내용

1 문단 , 2 문단 의 중심 내용을 알맞게 줄로 이으세요.

1 문단　・

2 문단　・

・　천마총과 황남대총에서는 수많은
유물이 발견되었어요.

・　천마총과 황남대총은 돌무지덧널무덤이어서
벽화는 없지만 유물이 많이 남아 있어요.

3
세부 내용

이 글의 내용으로 맞으면 ○표, 틀리면 ×표 하세요.

⑴ 천마도는 황남대총에서 발견되었어요.　　　　　　　　（　　　　）

⑵ 신라는 한 번도 도읍을 옮기지 않았어요.　　　　　　　（　　　　）

⑶ 천마총에서는 금으로 만든 화려한 장신구가 많이 발견되었어요. （　　　　）

4
세부 내용

다음 빈칸에 들어갈 알맞은 낱말을 이 글에서 찾아 쓰세요.

　서역에서 전해진 것으로 짐작되는 유리병과 유리잔이
경주 ＿＿＿＿＿＿＿＿ 에서 발견되었어요. 먼 외국의
유물이 신라 무덤에서 발견된 것으로 보아 신라가 서역과
교류하였음을 알 수 있어요.

오늘의 한 문장 정리

신라의 ＿＿＿＿＿＿＿ 무덤은 구조상 도굴이 어려운 형태예요.

지문분석 동영상강의

3일차
광고

무덤을 파헤친 자를 잡아라

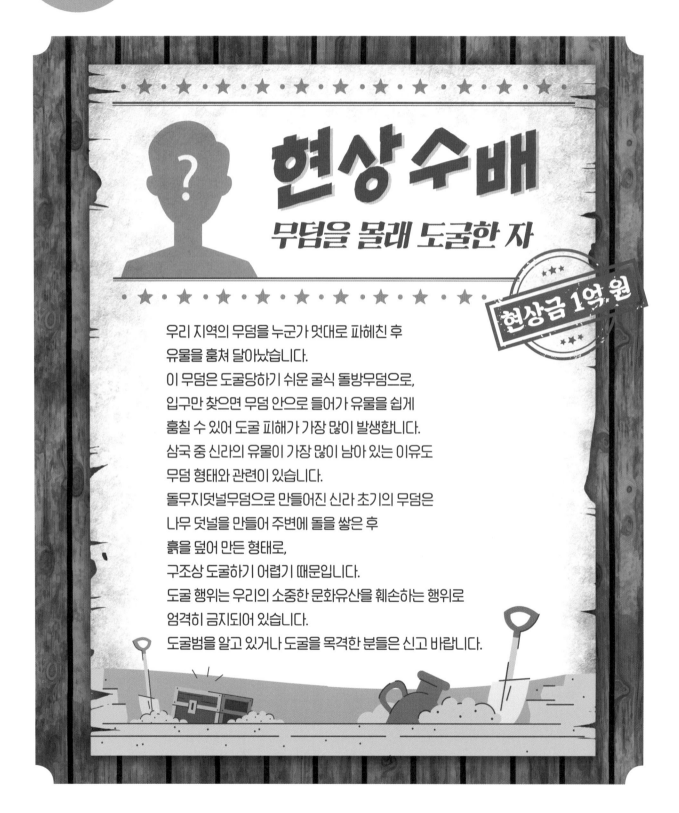

현상수배
무덤을 몰래 도굴한 자

현상금 1억 원

우리 지역의 무덤을 누군가 멋대로 파헤친 후
유물을 훔쳐 달아났습니다.
이 무덤은 도굴당하기 쉬운 굴식 돌방무덤으로,
입구만 찾으면 무덤 안으로 들어가 유물을 쉽게
훔칠 수 있어 도굴 피해가 가장 많이 발생합니다.
삼국 중 신라의 유물이 가장 많이 남아 있는 이유도
무덤 형태와 관련이 있습니다.
돌무지덧널무덤으로 만들어진 신라 초기의 무덤은
나무 덧널을 만들어 주변에 돌을 쌓은 후
흙을 덮어 만든 형태로,
구조상 도굴하기 어렵기 때문입니다.
도굴 행위는 우리의 소중한 문화유산을 훼손하는 행위로
엄격히 금지되어 있습니다.
도굴범을 알고 있거나 도굴을 목격한 분들은 신고 바랍니다.

1 이 광고에서 찾고 있는 사람에 ○표 하세요.

무덤을 도굴해 유물을 훔쳐 간 사람

무덤 위에 올라가 사진을 찍은 사람

2 신라의 유물이 가장 많이 남아 있는 까닭으로 알맞은 것은 무엇인가요? (   )

① 돌무지덧널무덤은 도굴이 어렵기 때문에

② 무덤 안에 유물을 아주 많이 넣어 두었기 때문에

③ 고구려나 백제에 비해 신라의 유물은 가치가 낮기 때문에

3 이 광고를 참고하여 빈칸에 들어갈 알맞은 말을 쓰세요.

무덤 안에 돌로 된 넓은 방을 만든 _____은/는 도굴당
하기 쉬운 형태의 무덤이에요.

4 다음은 돌무지덧널무덤을 만드는 과정이에요. 마지막에 들어갈 그림으로 알맞은 것은
무엇인가요?   (   )

나무 덧널을 만든다.   나무 덧널 주변에 돌을 쌓는다.

① 돌을 마저 쌓고 흙을 덮는다.

② 나무 덧널 안까지 흙을 채워 넣는다.

4일차
글

지문분석 동영상강의

신라 왕이 머리에 쓴 것은 무엇일까요?

국립 경주 박물관
• 위치: 경상북도 경주시
• 특징: 경주 금관총에서 발견한 금관과 경주 천마총에서 발견한 금관을 볼 수 있음.

1 문단 신라의 왕은 어떤 왕관을 썼을까요? 신라의 왕관은 반짝반짝 빛나는 금을 얇게 펴서 만든 금관이에요. 마치 사슴뿔처럼 생긴 것 같기도 하고, 한자의 '출(出)'자 모양처럼 보이는 것 같기도 하지요? 금관의 양옆에는 길게 **드리개**까지 장식하여 무척 화려하답니다.

2 문단 우리나라에서 발견된 신라 금관은 현재까지 6개예요. 신라 금관은 일제 강점기 때 처음 발견되었는데, 이때 금관이 발견된 무덤에 '금관총'이라는 이름이 붙여졌어요. 이후 천마총에서 신라 금관 중 가장 커다란 금관이 발견되었는데, 이미 금관총이 있었기 때문에 이 무덤은 함께 발견된 천마도의 이름을 따라 '천마총'이라 부르게 되었지요.

3 문단 신라 금관에 대해서는 여러 부분에서 사람들마다 의견이 달라요. 우선 왕과 왕비의 무덤이 **구분되어** 있는 황남대총에서는 왕비 쪽 무덤에서만 금관이 발견되었는데, 이를 통해 신라 왕뿐만 아니라 왕비도 금관을 썼을 것이라고 짐작하는 사람들이 있어요. 또, 금관의 두께가 아주 얇기 때문에 왕이나 왕비는 평소에 금관을 쓰지 않았고, 금관은 무덤에 넣는 용도로 만들었다는 의견도 있답니다.

◉ 6개의 신라 금관
우리나라에서 발견된 여섯 개의 신라 금관은 무엇이고 누가 발견했을까요? 금관총 금관, 금령총 금관, 서봉총 금관은 일제 강점기에 일본이 발견했어요. 천마총 금관, 황남대총 금관은 광복 후 우리가 직접 발견했지요. 나머지 하나는 교동 금관으로, 이 금관은 도굴되었다가 발견되어 어디에서 출토되었는지 정확히 알 수 없어요.

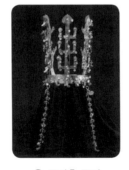
⬥ 금관총 금관

⬥ 천마총 금관

⬥ 황남대총 북분 금관

• 드리개 무언가에 매달아 늘어뜨린 장식을 말해요.
• 구분되다 어떠한 기준에 따라 무언가가 나누어지는 것을 말해요.

오늘의 날짜　　　　월　　　　일

2주

1

중심 낱말

이 글의 중심 낱말로 알맞은 것은 무엇인가요?　　　　　　　　　　（　　　　　）

① 금관　　　　　　　　　　② 무덤　　　　　　　　　　③ 드리개

2

중심 내용

1문단 , 2문단 , 3문단 의 중심 내용을 알맞게 줄로 이으세요.

1문단　·

2문단　·

3문단　·

·　신라 금관은 현재까지 6개가 발견되었어요.

·　신라 금관은 화려한 장식이 돋보여요.

·　신라 금관은 여러 부분에서 사람들의 의견이 달라요.

3

세부 내용

신라 금관이 발견된 무덤을 모두 찾아 ○표 하세요.

금관총　　　　　　　천마총　　　　　　　장군총

4

어휘 표현

다음 (　　　　) 안에 들어갈 알맞은 낱말을 골라 ○표 하세요.

황남대총에서는 (왕 , 왕비) 쪽의 무덤에서 금관이 발견되었어요.

오늘의 한 문장 정리

신라의 무덤에서 화려하게 장식된 ＿＿＿＿＿＿ 이 발견되었어요.

4일차
온라인 게시글

지문분석 동영상강의

무덤마다 이름을 다르게 부르는 까닭

🏠 에듀윌지식인   ✕   +

← → C   https://kin.eduwill.net   ☆

ⓔ 에듀윌지식인   🔍   ☰

(가)

🔖 스크랩   🔗 공유   ⋯ 더보기

21시간 전 · 이름 비공개 · 273번 조회

  지난 주말에 경상북도 경주 대릉원에서 미추왕릉과 천마총, 황남대총 등 신라 무덤을 보고 온 학생입니다.

  어떤 무덤은 '○○왕릉'이라고 부르고 어떤 무덤은 '○○총'이라고 부르던데 그 이유가 뭔가요? 또 '○○묘'라는 무덤도 있던데 차이가 무엇인지 알려 주세요.

답변 8개

채택순   좋아요순   최신순

🏆 **문해력두목님의 답변입니다.**
지식서포터즈 / 한국사 / 답변왕 / 월간 Top10

  '능'은 백제 무령왕릉처럼 왕의 무덤인 것이 확실하게 밝혀진 경우에 왕의 이름 뒤에 붙이는 말이에요. 경주 대릉원에서 보고 오신 미추왕릉도 왕의 무덤이니 다른 무덤과 달리 특별한 **담장**에 둘러싸여 있는 걸 보셨지요?

  '총'은 무덤의 규모나 출토된 유물로 보아 왕족의 무덤으로 짐작되지만, 무덤의 주인이 누구인지 모를 때 붙이는 말이에요. 예를 들어 경주 천마총은 누구의 무덤인지 정확히 알려지지 않았지만, 천마도라는 가치 있는 유물이 발견되었기 때문에 '천마'에 '총'을 붙인 것이지요. 천마총에서는 천마도뿐만 아니라 천마총 금관도 함께 발견되었는데, 이미 금관총이 있어서 천마총으로 부르게 되었다는 사실도 함께 알아 두세요.

  '묘'는 경주 김유신묘처럼 왕족이 아닌 사람이 묻힌 일반 무덤을 가리키는 말이에요.

  답변이 도움이 되었다면 채택 부탁드려요.

💬 댓글 0   ♥ 좋아요 4

• 담장 어떤 공간을 둘러막기 위하여 흙, 돌, 벽돌 등으로 쌓아 올린 것을 말해요.

1 (가)에 들어갈 게시글의 제목으로 알맞은 것은 무엇인가요? ( )

① 능, 총, 묘의 차이점을 알려 주세요.

② 천마총과 황남대총의 차이점을 알려 주세요.

③ 황남대총에서 발견된 유물의 종류를 알려 주세요.

2주

2 학생이 지난 주말 경주 대릉원에서 본 무덤이 <u>아닌</u> 것은 무엇인가요? ( )

①
△ 경주 천마총

②
△ 경주 무열왕릉

③
△ 경주 황남대총

3 이 게시글의 내용으로 맞으면 ○표, 틀리면 ×표 하세요.

(1) 천마총은 무덤의 주인이 밝혀진 무덤이에요. ( )

(2) 왕의 이름 뒤에 '능'이 붙은 무덤은 왕의 무덤이에요. ( )

(3) '묘'는 왕족이 아닌 사람의 무덤을 가리키는 말이에요. ( )

4 다음 빈칸에 들어갈 알맞은 말은 무엇인가요? ( )

경주 _____ 은/는 우리 역사 속 최초의 여왕인 선덕 여왕의 무덤이에요. 삼국에 관한 역사를 쓴 책인 『삼국사기』에 선덕 여왕이 묻힌 곳이 적혀 있어 무덤의 주인이 누구인지 알 수 있어요.

① 선덕 여왕릉   ② 선덕 여왕총   ③ 선덕 여왕묘

5일차
글

지문분석 동영상강의

백제의 화려한 문화를 엿볼 수 있는 문화유산은 무엇일까요?

국립 부여 박물관
- 위치: 충청남도 부여군
- 특징: 부여는 백제의 도읍이 었던 사비가 있던 곳으로, 그 당시 만들어진 백제의 다양한 문화유산을 볼 수 있음.

1 문단 백제는 뛰어난 금속 **공예** 기술을 이용해 화려하고 세련된 공예품을 많이 만들었어요. 백제의 공예품은 귀걸이, 목걸이 등의 장신구부터 제사를 지내거나 행사를 치를 때 사용하는 **향로** 등 다양한 종류가 있어요. 우수한 백제의 금속 공예 기술은 일본에 전해져 일본의 문화 발전에도 큰 영향을 끼쳤지요.

2 문단 백제의 뛰어난 금속 공예 기술을 보여 주는 대표적인 문화유산에는 칠지도와 백제 금동 대향로가 있어요. 근초고왕 때 만들어진 것으로 알려진 칠지도는 칼날을 나뭇가지 모양으로 만들고 중앙의 칼날에 글자를 **정교하게** 새겨 넣었어요. 한편, 백제 금동 대향로는 백제의 가장 뛰어난 공예품 중 하나로, 백제 사람들이 꿈꾸던 **이상적**인 세상이 표현되어 있지요. 백제 금동 대향로는 가장 윗부분의 **봉황**, 뚜껑, 몸체, 받침으로 이루어져 있어요. 날개를 활짝 펼쳐 금방이라도 날아오를 듯한 모습을 한 봉황은 너그럽고 슬기로운 왕을 상징해요. 뚜껑에는 호랑이, 코끼리와 같은 동물, 몸체에는 물새와 물고기 등이 새겨져 있어요. 그리고 받침에 장식된 용은 마치 살아서 움직이는 듯한 생동감을 느끼게 해 준답니다. 백제 금동 대향로의 대단한 점은 향로에 있는 수많은 조각이 따로 만들어서 붙여진 것이 아니라 향로 자체에 조각해서 만들어졌다는 점이에요. 백제의 금속 공예 기술이 얼마나 뛰어났는지 짐작할 수 있지요?

📍 **칠지도**

근초고왕이 일본 왕에게 준 칼이라고 알려져 있어요. 중앙의 칼날과 양쪽에 3개씩 난 칼날을 합치면 모두 7개여서 '칠지도'라는 이름을 붙였어요.

- **공예** 일상생활에 필요한 물건을 실용적이면서 아름답게 만드는 일을 말해요.
- **향로** 향을 피우는 자그마한 화로를 말해요.
- **정교하다** 솜씨나 기술이 빈틈이 없이 자세하고 뛰어난 것을 뜻해요.
- **이상적** 가장 원하는 상태나 모습이라고 생각하는 것을 말해요.
- **봉황** 하늘의 뜻을 전하는 상상의 동물로, 나라가 안정되어 평화로울 때 나타난다고 해요.

오늘의 날짜　　　월　　　일

1 이 글의 중심 낱말로 알맞은 것은 무엇인가요?　　　　　　　　　（　　　　）

 중심 낱말

① 백제 무덤　　　　　　② 백제 그림　　　　　　③ 백제 금속 공예

2 [1문단] , [2문단] 의 중심 내용을 알맞게 줄로 이으세요.

중심 내용

[1문단] ·

· 백제는 뛰어난 금속 공예 기술을
이용해 화려한 공예품을 만들었어요.

[2문단] ·

· 칠지도와 백제 금동 대향로는
백제의 대표적인 공예품이에요.

3 다음 빈칸에 들어갈 알맞은 말을 이 글에서 찾아 쓰세요.

세부 내용

칠지도는 백제 ＿＿＿＿＿＿＿＿＿ 때 만들어진 것으로 알려진 칼이에요.

4 [2문단] 에서 설명하는 백제 금동 대향로는 무엇인가요?　　　　　　（　　　　）

내용 추론

① 　　　② 　　　③

😀 오늘의 **한** 문장 정리

우수한 백제의 금속 공예 기술은 ＿＿＿＿＿＿＿＿ 의 문화 발전에 영향을 끼쳤어요.

5일차 광고

백제의 화려함이 담긴 신비의 향로

소망을 담은 향불이 피어오르는

백제 금동 대향로

봉황 장식

날개를 활짝 펼쳐 당당한 모습을 한 봉황이 구슬을 턱에 끼고 산꼭대기에 앉아 있어요.

신선의 세계, 뚜껑

산봉우리 사이사이에 악기를 연주하는 신선들과 사람, 호랑이, 코끼리, 멧돼지, 새 등의 동물을 장식해 신선의 세계를 표현했어요.

연꽃의 세계, 몸체

연꽃의 잎과 잎 사이에 물가와 물속에 사는 동물을 표현했어요. 상상 속 날개 달린 동물도 표현되어 있지요.

용 받침

한 마리의 용이 마치 하늘로 날아오를 듯 향로를 단단히 받치고 있어요.

오늘의날짜   월   일

1 백제 금동 대향로의 쓰임새로 알맞은 것은 무엇인가요?   (   )

① 물을 푸거나 물건을 담는 데 쓰는 도구

② 종이가 바람에 날아가지 않도록 눌러 두는 도구

③ 제사를 지내거나 행사를 치를 때 향을 피우는 도구

2주

2 다음 빈칸에 들어갈 알맞은 낱말을 이 광고에서 찾아 쓰세요.

> 백제 금동 대향로의 꼭대기에는 구슬을 턱에 끼고 날개를 활짝 펼쳐 힘차게 날아
> 오를 듯한 ＿＿＿＿＿＿＿＿＿ 이/가 장식되어 있어요.

3 백제 금동 대향로에서 호랑이 조각을 볼 수 있는 부분은 어디인가요?   (   )

①    ②    ③

4 이 광고를 보고 적절하지 <u>않은</u> 반응을 보인 어린이는 누구인가요?   (   )

상상 속 동물의 모습이 재미있어.

신선들이 연주하는 악기는 무엇일까?

땅으로 내려오는 용이 멋있어.

①    ②    ③

1 밑줄 친 낱말의 뜻을 알맞게 줄로 이으세요.

백제는 **도읍**을 여러 번 옮겼어요. •

• 중국 서쪽에 있던 나라를 통틀어 부르던 말

백제는 뛰어난 금속 **공예** 기술을 가지고 있었어요. •

• 나라의 수도

황남대총은 왕과 왕비의 무덤이 **구분되어** 있어요. •

• 어떠한 기준에 따라 무언가가 나누어지다.

고구려의 벽화에는 **서역**에서 온 사람이 그려져 있어요. •

• 허락을 받지 않고 고분을 파헤쳐 유물을 훔치는 짓

무령왕릉 **발굴** 과정에서 수많은 유물이 출토되었어요. •

• 땅속이나 흙더미, 돌 더미 속에 묻혀 있는 것을 찾아 파내는 것

돌무지덧널무덤은 **도굴**이 어려워요. •

• 일상생활에 필요한 물건을 실용적이면서 아름답게 만드는 일

2 밑줄 친 낱말과 뜻이 비슷한 낱말을 〈보기〉에서 찾아 빈칸에 쓰세요.

〈보기〉

| 사냥 | 베끼다 | 춤추다 | 섬세하다 | 집중하다 |

(1) 고구려 사람들은 **수렵**을 즐겼어요.

산이나 들판의 짐승을 잡는 일

_____

(2) 경주 대릉원에는 크고 작은 무덤들이 **밀집해** 있어요.

빈틈없이 빽빽하게 집중해 있다.

_____

(3) 칠지도의 중앙 칼날에는 글자가 **정교하게** 새겨져 있어요.

솜씨나 기술이 빈틈이 없이 자세하고 뛰어나다.

_____

(4) 고구려의 무덤에는 **무용하는** 사람이 그려진 벽화도 있어요.

음악에 맞추어 율동적인 동작으로 감정과 의지를 표현하다.

_____

(5) 무령왕릉에서 중국의 거울을 **모방한** 청동 거울이 발견되었어요.

다른 것을 따라 하거나 남의 행동을 흉내 내다.

_____

3 다음 문장의 밑줄 친 낱말을 바르게 고쳐 빈칸에 쓰세요.

(1) 경주 미추왕릉은 **단장**에 둘러싸여 있어요. _____

(2) 무령왕릉의 유물은 **회손되지** 않고 발견됐어요. _____

(3) 천마총에서 **발다래**에 그려진 천마도가 출토되었어요. _____

(4) 고구려의 무덤은 돌로 통로를 길게 **골처럼** 만들었어요. _____

(5) 백제 금동 대향로에는 **이산적**인 세상이 표현되어 있어요. _____

바깥으로 나가는 길 찾기

🐾 고양이가 바깥으로 산책을 가려고 해요. 출발부터 도착까지 알맞은 길을 따라 줄을 그어요.

출발

도착

기운이 샘솟는 체조

🍃 다음 동작을 순서대로 하나씩 천천히 따라해 보아요.

❶

양 손은 바닥을 짚고
두 다리를 쭉 펴고 앉아요.

❷

오른쪽 다리를 왼쪽 다리
위에 포개요.

❸

왼손을 오른쪽 무릎 위에 얹고
상체를 오른쪽으로 비틀어서
20초 동안 가만히 있어요.

❹

처음 자세로 돌아와 마무리해요.
반대쪽으로도 똑같이 해 보세요.

3 주

1일

삼국의 불상

삼국은 부처님의 모습을
본뜬 불상을 많이
만들었어요.

6세기 추정
금동 연가 7년명
여래 입상 제작

2일

삼국의 탑

삼국은 다양한 재료로
여러 가지 모양의 탑을
만들었어요.

7세기 추정
부여 정림사지
5층 석탑 건립

연표를 따라가며 **3주차**에 만날 문화유산의 **이름과 특징**을 살펴보세요.

3일

신라의 건축물

신라 선덕 여왕은
첨성대와 황룡사 9층
목탑을 만들었어요.

4일

삼국의 문화 교류

고구려, 백제, 신라 삼국과
가야는 일본과
활발히 교류했어요.

5일

대왕암과 감은사

신라 신문왕은 아버지
문무왕의 뜻에 따라
무덤을 만들었어요.

632년
신라, 선덕 여왕 즉위

668년
고구려 멸망

676년
신라, 삼국 통일
(문무왕)

삼국에서 부처님의 모습을 본떠 만든 것은 무엇일까요?

국립 중앙 박물관
- 위치: 서울특별시 용산구
- 특징: 금동 연가 7년명 여래 입상과 함께 다양한 불상을 볼 수 있음.

1문단 고구려, 백제, 신라의 삼국은 백성들의 마음을 하나로 모으고, 왕의 힘을 더 강하게 하고자 노력했어요. 그래서 불교를 받아들여 백성들에게 널리 알리고 절, 탑, 불상 등 불교와 관련 있는 문화유산을 많이 만들었답니다.

2문단 그중 부처님의 모습을 본뜬 불상은 여러 종류가 있어요. 왼손에 약주머니를 들고 질병을 고쳐 주는 부처님의 모습을 담은 불상이나, 가난과 전쟁으로 지친 사람들을 구하러 세상에 내려온다는 미륵보살의 모습을 담은 미륵보살상 등이 있어요. 사람들은 불상을 보며 "나무 아미타불 관세음보살."이라는 **염불**을 외우고, 부처님처럼 깨달음을 얻고 싶다는 바람을 담아 **수행**을 했어요.

3문단 그렇다면 삼국의 불상은 어떤 모습일까요? 삼국의 불상은 각각의 개성이 있어요. 화려한 금색 빛깔을 띠는 금동 연가 7년명 여래 입상은 뒷부분에 불상을 언제 만들었는지 새겨져 있어요. '백제의 미소'라고 불리는 서산 용현리 마애 여래 삼존상은 백제를 대표하는 불상이지요. 신라를 대표하는 경주 석굴암 본존불은 신라 불상의 균형 잡힌 아름다움이 담긴 불상이랍니다.

◉ 불교

인도의 왕자였던 석가모니는 몸과 마음을 바르게 갈고닦으며 깨달음을 얻어 부처님이 되었어요. 불교는 부처님의 가르침을 공부하는 종교예요. 불교는 인도에서 중국을 거쳐 우리나라에 전해졌답니다.

🔺 고구려의 금동 연가 7년명 여래 입상

🔺 백제의 서산 용현리 마애 여래 삼존상

🔺 신라의 경주 석굴암 본존불

- 염불 부처님의 모습과 깨달음을 생각하며 불경을 외우는 수행법을 말해요.
- 수행 불교에서는 부처님의 가르침을 실천하고 도를 닦는 일을 말해요.

3주

1 이 글의 중심 낱말로 알맞은 것은 무엇인가요?   (   )

중심 낱말

① 절   ② 탑   ③ 불상

2 1문단 , 2문단 , 3문단 의 중심 내용을 알맞게 줄로 이으세요.

중심 내용

1문단 •   • 사람들은 다양한 불상을 보고 수행을 했어요.

2문단 •   • 삼국은 불교와 관련 있는 문화유산을 만들었어요.

3문단 •   • 삼국의 불상은 각각의 개성이 있어요.

3 다음 사진의 불상은 어떠한 부처님의 모습을 담은 불상인가요?   (   )

내용 추론

① 질병을 고쳐 주는 부처님

② 세상에 평화를 가져다주는 부처님

③ 나쁜 일을 한 사람을 혼내 주는 부처님

🔺 약주머니를 손에 든 불상

4 다음 빈칸에 들어갈 알맞은 말을 이 글에서 찾아 쓰세요.

어휘 표현

_____ 은/는 백제를 대표하는 불상으로 은은한 미소를 짓고 있어 '백제의 미소'라고 불려요.

🔵 오늘의 **한** 문장 정리

삼국은 _____ 의 모습을 본뜬 여러 종류의 불상을 만들었어요.

1일차
웹툰

지문분석 동영상강의

★ ★ ★
불상의 손 모양에 담긴 부처님의 뜻

• 단서 문제를 해결하는 데 도움이 되는 사실을 말해요.

1 이 웹툰의 제목으로 알맞은 것은 무엇인가요?   (   )

① 용돈을 절약하는 법

② 불상을 관람하는 자세

③ 불상의 손 모양에 담긴 뜻

2 이 웹툰의 내용으로 맞으면 ○표, 틀리면 ×표 하세요.

⑴ 불상의 손 모양마다 의미가 있어요.   (   )

⑵ 아이는 불상의 동작이 이상하다고 생각해요.   (   )

⑶ 불상의 얼굴을 보면 어떤 부처님인지 알 수 있어요.   (   )

3 다음 손 모양에 담긴 뜻을 알맞게 줄로 이으세요.

•

•   불교의 가르침을 전해요.

•

•   두려움을 없애고 소원을 모두 들어줘요.

4 다음 불상의 손 모양에 담긴 뜻으로 알맞은 것은 무엇인가요?   (   )

① 재물   ② 행운   ③ 깨달음

2일차 글

지문분석 동영상강의

삼국에서 부처님을 위해 세운 것은 무엇일까요?

정림사지 박물관
• 위치: 충청남도 부여군
• 특징: 부여 정림사지 5층 석탑과 부여 정림사지 석조여래 좌상을 관람한 후 관련 자료를 볼 수 있음.

1문단 불교의 탑은 석가모니의 **유골**을 모시거나 **공덕**을 기리기 위해 세우는 뾰족한 건축물이에요. 삼국에서는 불교가 널리 퍼지며 다양한 모양의 탑이 만들어졌어요.

2문단 탑을 만든 재료에 따라 벽돌로 만든 탑, 돌로 만든 석탑, 나무로 만든 목탑으로 구분할 수 있어요. 백제의 부여 정림사지 5층 석탑은 돌을 다듬어 만들었는데, 나무를 깎아 끼워 맞춘 것처럼 생겼어요. 이 탑을 통해서 목탑에서 석탑으로 발전하는 과정을 엿볼 수 있지요. 익산 미륵사지 석탑도 목탑의 모습을 본떠 만든 석탑인데, 우리나라에 남아 있는 석탑 중 가장 크고 오래된 석탑이에요. 신라의 경주 분황사 모전 석탑은 벽돌로 만든 중국의 탑을 본떠 만든 탑으로, 신라에서는 벽돌을 쌓아 만들지 않고 돌을 벽돌 모양으로 깎아 쌓았어요. 이후 신라는 구례 화엄사 4사자 3층 석탑처럼 화려하면서도 **독창적**인 탑을 만들었어요. 고구려의 탑은 오늘날 전해지는 것이 없어서 불타기 쉬운 목탑을 주로 만들었을 것으로 짐작하고 있어요.

◉ 백제의 익산 미륵사지 석탑 (복원)

지금은 일부만 남아 있지만 본래는 9층으로 만들어진 거대한 탑이었어요. 미륵사에는 동쪽에 서 있는 동탑과 서쪽에 서 있는 서탑 2개가 있었는데, 서탑에서는 익산 미륵사지 서탑 출토 사리 장엄구가 발견되기도 했어요.

◎ 부여 정림사지 5층 석탑

◎ 경주 분황사 모전 석탑

◎ 구례 화엄사 4사자 3층 석탑

• **유골** 죽은 사람의 몸을 태우고 남은 뼈. 또는 무덤 속에서 나온 뼈를 말해요.
• **공덕** 죽은 뒤 다시 태어났을 때 복을 받도록 좋은 일을 행한 덕을 말해요.
• **독창적** 다른 것을 흉내 내지 않고 새롭고 독특한 것을 만들어 내는 것을 말해요.

1 이 글의 중심 낱말로 알맞은 것은 무엇인가요?   (   )

중심 낱말

① 탑   ② 유골   ③ 불교

2 1 문단 , 2 문단 의 중심 내용을 알맞게 줄로 이으세요.

중심 내용

1 문단 •   • 삼국은 다양한 모양의 탑을 만들었어요.

2 문단 •   • 삼국은 다양한 재료로 탑을 만들었어요.

3 다음 설명에 해당하는 탑은 무엇인가요?   (   )

세부 내용

벽돌로 만든 중국의 탑을 본떠 만든 신라의 탑이에요.

①
🔺 경주 분황사 모전 석탑

②
🔺 부여 정림사지 5층 석탑

③
🔺 양양 진전사지 3층 석탑

4 오늘날 고구려의 탑이 남아 있지 <u>않은</u> 까닭으로 알맞은 것은 무엇인가요?(   )

내용 추론

① 탑을 만들 기술이 없었기 때문에

② 고구려 사람들은 불교를 믿지 않았기 때문에

③ 불에 타기 쉬운 나무로 만들었다고 짐작되기 때문에

 오늘의 한 문장 정리

삼국은 다양한 재료로 여러 가지 모양의 _____ 을 만들었어요.

2일차
동영상

지문분석 동영상강의

높게 쌓은 불교 건축물에 숨겨진 비밀

보물이 숨겨져 있다는 믿을 수 없는 탑의 비밀!

▶ ▶ ◀)) 0:30/4:10 ⚙ ▢ ⛶

역사TV
구독자 66.7만 명

↗ 공유　☰+ 저장

　옛날 사람들은 왜 탑을 세웠을까요? 탑은 부처님이 돌아가신 후, 부처님의 **사리**를 보관하기 위해 만들었다고 합니다. 그래서 탑에는 부처님의 사리를 보관할 수 있는 공간이 있다고 하는군요. 옛날 사람들은 그곳에 사리를 담은 상자를 넣거나, 사리가 없을 때는 부처님의 공덕을 기리는 불경 등 다양한 보물을 넣었다고 합니다.

　오늘은 이와 관련된 문화유산인 익산 미륵사지 서탑 출토 사리 장엄구를 소개하려 합니다. 이 유물은 익산 미륵사지 석탑을 수리하던 중 서쪽 탑에서 발견되었는데, 백제의 뛰어난 금속 공예 기술을 확인할 수 있다고 하는군요.

　역사TV와 함께 탑에 숨겨져 있는 보물을 확인하러 가시지요!

• 사리 부처님이나 높은 경지의 수행을 한 스님의 시신을 불에 태우고 남은 구슬 모양의 뼈를 말해요.

오늘의 날짜   월   일

1 이 동영상의 중심 내용은 무엇인가요?   (   )

① 절   ② 탑   ③ 부처님

2 선생님의 물음에 알맞게 대답한 어린이는 누구인가요?   (   )

선생님

탑을 세우는 이유가
무엇인가요?

① 하람: 다른 절과 구별하기 위해 세웠어요.

② 준서: 절을 멋지게 꾸미기 위해 세웠어요.

③ 서아: 부처님의 사리를 보관하기 위해 세웠어요.

3주

3 다음 빈칸에 들어갈 알맞은 나라 이름을 이 동영상에서 찾아 쓰세요.

    익산 미륵사지 석탑의 서쪽 탑을 수리하던 중 사리를 담
는 그릇, 구슬, 미륵사와 탑을 만든 까닭을 적은 얇은 금판
등이 발견되었어요. 익산 미륵사지 서탑 출토 사리 장엄구
를 통해 ＿＿＿＿＿＿＿＿ 의 뛰어난 금속 공예 기술을
확인할 수 있어요.

4 이 동영상을 틀면 나올 장면으로 알맞은 것은 무엇인가요?   (   )

①

신고를 받고 출동한 경찰은
뼈의 정체를 찾아 수사에 나서

▶ ▶| ◀) 2:10/4:10   ✿ ☐ ⟷

②

탑을 수리하던 중
발견한 다양한 유물들

▶ ▶| ◀) 2:10/4:10   ✿ ☐ ⟷

신라 선덕 여왕은 어떤 건축물을 만들었을까요?

경주 황룡사지
• 위치: 경상북도 경주시
• 특징: 황룡사의 옛터로, 현재는 불에 탄 흔적만 남아 있음.

1문단 신라는 백성들의 마음을 하나로 모으고 왕의 권위를 높이기 위해 불교를 적극적으로 알렸어요. 신라의 선덕 여왕은 나라의 힘을 하나로 모으기 위해 불교 건축물인 경주 분황사 모전 석탑과 경주 황룡사 9층 목탑을 쌓았어요. 황룡사 목탑을 9층으로 만든 것은 백제와 고구려를 포함한 주변의 9개 나라의 위협을 불교의 힘으로 이겨 내겠다는 바람을 담아 만든 것이에요. 선덕 여왕의 노력으로 신라는 주변 나라의 위협을 극복할 수 있었답니다.

⬡ 경주 황룡사 9층 목탑 (복원도)

2문단 한편, 옛날 백성들은 홍수가 나거나 가뭄이 들면 왕이 나라를 잘못 다스렸기 때문이라고 생각했어요. 이에 선덕 여왕은 하늘의 별과 달, 해의 움직임을 **관측할** 수 있는 천문대를 만들었는데, 이것이 바로 '경주 첨성대'예요. 첨성대에 사각형으로 난 창문은 남쪽을 향해 있는데, 이 창문으로 들어오는 햇빛의 길이가 변하는 것을 통해 계절의 시작과 끝을 알았지요. 첨성대에서 시간을 헤아리고 사계절과 **24절기**를 정함으로써 백성들은 농사를 짓는 데 큰 도움을 받았어요. 그런데 계단이 없는 첨성대에 어떻게 올라갔을까요? 학자들은 하늘의 움직임을 살피기 위해 사다리를 걸쳐 놓고 창을 통해 올라가야 했답니다.

📍 **첨성대를 오르는 방법**

첨성대 바깥에 사다리를 걸쳐 사각형의 창문까지 올라요. 창문 안으로 들어가 첨성대 안에 있는 또 다른 사다리를 통해 첨성대 꼭대기에 올랐답니다.

⬡ 경주 첨성대

• 관측하다 눈이나 기계로 자연을 자세히 살펴보아 어떤 사실을 알아내는 것을 말해요.
• 24절기 태양의 위치에 따라 1년을 24주기로 나눈 것을 말해요. 대표적인 절기로 동지, 춘분, 하지, 추분 등이 있어요.

오늘의 날짜   월   일

1
중심 낱말

2 문단 의 중심 낱말로 알맞은 것은 무엇인가요?   (   )

① 24절기   ② 첨성대   ④ 황룡사 9층 목탑

2
중심 내용

1 문단 , 2 문단 의 중심 내용을 알맞게 줄로 이으세요.

1 문단 ·

· 선덕 여왕은 나라의 힘을 하나로 모으기 위해 불교 건축물을 만들었어요.

2 문단 ·

· 선덕 여왕은 하늘을 관측하기 위해 첨성대를 만들었어요.

3
세부 내용

이 글에 나온 첨성대 창문의 역할로 알맞은 것은 무엇인가요?   (   )

① 햇빛의 길이를 재는 역할
② 밤하늘의 별을 관측하는 역할
③ 맑은 공기를 들여보내는 역할

4
어휘 표현

다음 (   ) 안에 들어갈 알맞은 말을 골라 ○표 하세요.

(첨성대 , 황룡사 9층 목탑)의 각 층은 주변의 9개 나라를 의미해요.

오늘의 한 문장 정리

신라의 _____은 불교 건축물과 천문대를 만들었어요.

천년이 넘는 세월을 버티는 첨성대

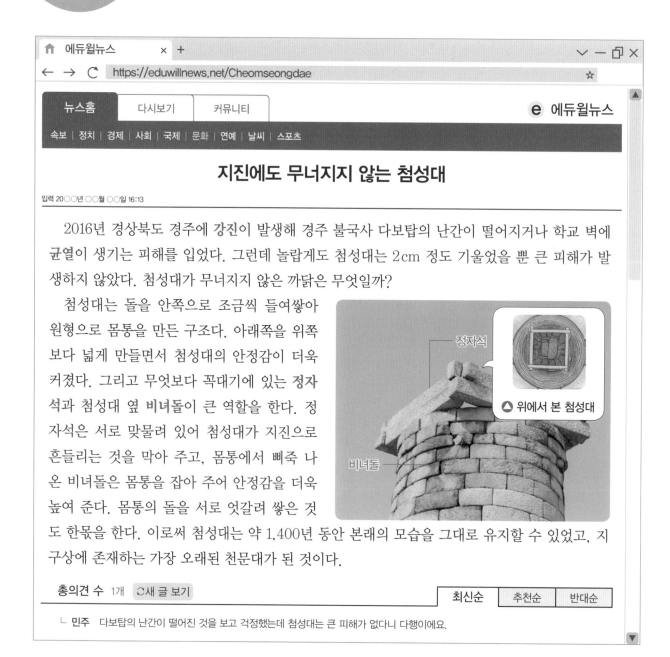

🏠 에듀윌뉴스   ×   +

← → C   https://eduwillnews.net/Cheomseongdae ☆

뉴스홈 | 다시보기 | 커뮤니티   **e** 에듀윌뉴스

속보 | 정치 | 경제 | 사회 | 국제 | 문화 | 연예 | 날씨 | 스포츠

지진에도 무너지지 않는 첨성대

입력 20○○년 ○○월 ○○일 16:13

2016년 경상북도 경주에 **강진**이 발생해 경주 불국사 다보탑의 난간이 떨어지거나 학교 벽에 **균열**이 생기는 피해를 입었다. 그런데 놀랍게도 첨성대는 2cm 정도 기울었을 뿐 큰 피해가 발생하지 않았다. 첨성대가 무너지지 않은 까닭은 무엇일까?

첨성대는 돌을 안쪽으로 조금씩 들여쌓아 원형으로 몸통을 만든 구조다. 아래쪽을 위쪽보다 넓게 만들면서 첨성대의 안정감이 더욱 커졌다. 그리고 무엇보다 꼭대기에 있는 **정자석**과 첨성대 옆 **비녀돌**이 큰 역할을 한다. 정자석은 서로 맞물려 있어 첨성대가 지진으로 흔들리는 것을 막아 주고, 몸통에서 삐죽 나온 비녀돌은 몸통을 잡아 주어 안정감을 더욱 높여 준다. 몸통의 돌을 서로 엇갈려 쌓은 것

정자석

🔺 위에서 본 첨성대

비녀돌

도 한몫을 한다. 이로써 첨성대는 약 1,400년 동안 본래의 모습을 그대로 유지할 수 있었고, 지구상에 존재하는 가장 오래된 천문대가 된 것이다.

총의견 수 1개   ↻새 글 보기   **최신순** | 추천순 | 반대순

└ **민주**   다보탑의 난간이 떨어진 것을 보고 걱정했는데 첨성대는 큰 피해가 없다니 다행이에요.

- **강진** 자연적인 원인으로 지구의 표면이 흔들리는 지진 중 크기가 큰 지진을 말해요.
- **균열** 사이가 갈라져 틈이 생기는 것을 말해요.
- **정자석** 첨성대 꼭대기에 '우물 정(井)' 자 모양으로 놓은 돌을 말해요.
- **비녀돌** 삐죽 나온 모습이 비녀와 닮아 붙인 이름의 돌이에요. 비녀는 주로 여성의 쪽진 머리가 풀어지지 않게 고정할 때 써요.

오늘의 날짜   월   일

1 이 기사의 첨성대가 있는 지역은 어디인가요?   (   )

① 경주   ② 대구   ③ 인천

2 지진에도 첨성대가 큰 피해를 입지 <u>않은</u> 까닭으로 맞으면 ○표, 틀리면 ×표 하세요.

⑴ 비녀돌로 첨성대의 몸통을 잡아 주었어요.   (   )

⑵ 정자석으로 첨성대가 흔들리는 것을 막아 주었어요.   (   )

⑶ 첨성대의 몸통 아래쪽과 위쪽의 폭을 똑같이 만들었어요.   (   )

3 다음 빈칸에 들어갈 알맞은 낱말을 이 기사에서 찾아 쓰세요.

첨성대는 지구상에 존재하는 가장 오래된 ＿＿＿＿＿＿＿＿＿ 예요.

4 이 기사를 바탕으로 만화를 만들 때 볼 수 있는 장면은 무엇인가요?   (   )

①

🔺 지진에도 아무런 피해를 입지 않은 첨성대와 다보탑

②

🔺 첨성대를 지으며 몸통의 돌을 서로 엇갈려 쌓고 있는 사람

4일차 글

삼국과 가야는 다른 나라와 어떤 교류를 했을까요?

국립 중앙 박물관
• 위치: 서울특별시 용산구
• 특징: 금동 미륵보살 반가 사유상을 볼 수 있음.

1 문단 고구려, 백제, 신라 삼국은 중국의 문화를 받아들여 독창적인 문화를 발전시켰어요. 그리고 이렇게 발달한 문화는 일본에까지 전해졌지요. 특히, 백제는 일본과 활발히 교류하면서 일본 문화에 많은 영향을 주었어요. 근초고왕은 일본 왕에게 '칠지도'라는 칼을 선물했어요. 아직기와 왕인은 한문, 논어, 천자문을 전해 주었고 성왕 때는 불상과 함께 불교를 전해 주었어요. 고구려의 승려 혜자는 일본 왕자의 스승이 되어 일본이 발달된 문물을 받아들일 수 있도록 도와주었고, 승려 담징은 종이와 먹 만드는 기술을 전해 주었어요. 신라는 배 만드는 기술과 둑 쌓는 기술을 전해 주었어요. 가야는 일본에 질 좋은 철을 수출했고, 일본 토기 발전에도 큰 영향을 끼쳤어요.

2 문단 그렇다면 삼국의 영향을 받아 일본에서 만들어진 문화유산은 무엇이 있을까요? 바로 일본의 목조 미륵보살 **반가 사유상**이 있어요. 삼국의 금동 미륵보살 반가 사유상과 무척 닮은 불상이지요. 불상의 재료인 붉은 소나무는 일본에서는 자라지 않지만 우리나라에서는 많이 자라는 나무예요. 삼국과 일본의 활발한 교류를 알 수 있는 유물이랍니다.

📍 **칠지도**

7개의 칼날이 나뭇가지 모양으로 뻗은 칼이에요. 칼날이 날카롭지 않고 장식이 화려한 것으로 보아 실제 전쟁에서 사용했던 칼이 아니라 장식용으로 만들었던 칼로 짐작돼요.

삼국의 ▶
금동 미륵보살 반가 사유상

◀ **일본의**
목조 미륵보살 반가 사유상

• **둑** 하천이나 호수의 물이 넘치지 않게 쌓은 언덕을 말해요.
• **반가 사유상** 왼쪽 허벅다리 위에 오른쪽 다리를 걸치고, 고개 숙인 얼굴의 뺨에 오른쪽 손가락을 살짝 대어 깊은 생각에 잠긴 모습의 불상을 말해요.

오늘의날짜   월   일

3주

1

중심 낱말

 의 중심 낱말로 알맞은 것은 무엇인가요?   (   )

① 칠지도   ② 일본 토기   ③ 목조 미륵보살 반가 사유상

2

중심 내용

 의 중심 내용을 알맞게 줄로 이으세요.

1 문단 •

2 문단 •

• 일본의 목조 미륵보살 반가 사유상을 통해 삼국과 일본의 교류를 알 수 있어요.

• 삼국과 가야의 문화는 일본에 전해져 많은 영향을 주었어요.

3

세부 내용

이 글의 내용으로 알맞은 것은 무엇인가요?   (   )

① 가야는 일본에 한문과 불교를 전해 주었어요.

② 신라는 일본에 배 만드는 기술을 전해 주었어요.

③ 백제는 일본에 종이와 먹 만드는 기술을 전해 주었어요.

4

어휘 표현

다음 빈칸에 들어갈 알맞은 낱말을 이 글에서 찾아 쓰세요.

7개의 칼날이 나뭇가지 모양으로 뻗은 _____ 은/는 백제의 근초고왕이 일본 왕에게 선물한 칼이에요.

 오늘의 **한** 문장 정리

삼국과 가야는 _____ 의 발전에 도움을 주었어요.

이웃 나라에 부는 한류 열풍

상점에 고구려 옷이 들어왔대.

정말? 지금 빨리 사러 가자!

최 기자

안녕하세요. 지금 하나코 씨가 입고 계신 옷은 고구려 사람들이 입는 옷이네요! 평소에도 고구려 옷에 관심이 많았나요?

하나코

고구려의 색동 주름치마는 저희 또래라면 모두가 입고 싶어 하는 옷이에요. 삼국의 **옷차림**을 하면 세련됐다는 평가를 받을 수 있어요. 아무래도 삼국이 지금 일본보다는 **선진** 문화를 가졌으니까요.

최 기자

일본에서의 한류 열풍이 정말 대단하네요. 삼국과 가야의 기술자가 일본에 많이 건너왔다는 이야기가 사실인가 봅니다.

하나코

네. 저희 어머니도 가야에서 **수입한** 그릇이 잘 깨지지 않아 좋아하시거든요. 최근 가야의 기술자에게 배워 만들었다는 일본의 스에키 토기 역시 쉽게 깨지지 않고 표면이 반질반질해 매일 사용하고 계세요.

최 기자

우리나라의 물건들이 일본에서도 이렇게 사랑받다니 뿌듯합니다. 지금까지 일본에서 전해 드리는 인터뷰였습니다. 감사합니다.

- **옷차림** 옷을 차려입은 모양을 말해요.
- **선진** 문물의 발전 정도나 수준이 다른 것보다 앞선 것을 말해요.
- **수입하다** 외국의 상품 등을 국내로 사들이는 것을 말해요.

1 이 인터뷰가 이루어진 나라는 어디인가요?   (   )

① 일본   ② 중국   ③ 고구려

2 이 인터뷰를 통해 다음 고분 벽화에 대해 알 수 있는 것은 무엇인가요? (   )

🔺 고구려의 수산리 고분 벽화

🔺 일본의 다카마쓰 고분 벽화

① 일본은 고구려와 다르게 비가 거의 오지 않았어요.

② 일본 사람들은 고구려 사람들과 비슷한 옷을 입었어요.

③ 일본 사람들은 고구려 사람들보다 알록달록한 옷을 입었어요.

3 다음 빈칸에 들어갈 알맞은 나라 이름을 이 인터뷰에서 찾아 쓰세요.

> 일본의 스에키 토기는 ＿＿＿＿＿＿＿의 토기와 비슷하게 생겼어요. 스에키 토기는 쉽게 깨지지 않고 표면도 반질반질해요.

4 이 인터뷰의 제목으로 알맞은 것은 무엇인가요?   (   )

① 일본이 우리나라를 침략한 까닭

② 일본이 훔쳐 간 우리나라 문화유산

③ 일본에서 사랑받는 우리나라의 물건들

지문분석 동영상강의

왕의 무덤이 바다에 있는 이유는 무엇일까요?

경주 문무 대왕릉
• 위치: 경상북도 경주시
• 특징: 경주 앞바다에 위치한 바위섬으로 '대왕암'이라고도 불림.

1 문단 신라의 삼국 통일을 완성한 문무왕은 자나 깨나 통일된 신라에 대한 걱정뿐이었어요. 그중에서도 **왜구**가 큰 **골칫거리**였답니다. 왜구는 백성들을 못살게 굴고 식량을 빼앗아 갔어요. 그래서 문무왕은 바다에 자신을 묻으면 용이 되어 왜구로부터 신라를 지키겠다는 **유언**을 남겼어요. 문무왕의 아들인 신문왕은 아버지의 뜻에 따라 경주 앞바다에서 장례를 치른 후 문무왕의 무덤을 만들었어요. 이 무덤이 바로 경주 문무 대왕릉이에요. '대왕암'이라고도 불리는 이 무덤은 바다 위에 떠 있는 바위섬으로, 섬 가운데에 길게 놓인 커다란 돌이 문무왕의 무덤이라는 이야기가 전해진답니다. 이 바위섬에는 동서남북으로 바닷물이 들어왔다 나갔다 할 수 있게 사람의 손으로 돌을 깨어서 물길을 만든 흔적이 있어요. 이야기 속 문무 대왕릉이 이곳임을 뒷받침해 주는 단서지요.

2 문단 한편, 신문왕은 '대왕암'과 멀지 않은 곳에 절을 지었어요. 이 절은 문무왕 때 부처님의 힘을 빌려 왜구를 막아 내고자 하는 바람으로 짓기 시작했는데, 신문왕 때 와서야 비로소 완성되었어요. 신문왕은 죽기 전까지 신라를 걱정한 아버지 문무왕의 '은혜(은혜 은 恩)에 감사(감사하다 감 感)한다'는 뜻에서 절의 이름을 '감은사'라고 지었어요. 그리고 죽어서 바다의 용이 된 아버지가 바닷물을 타고 감은사에 드나들 수 있도록 지하에 바다로 통하는 물길을 만들기도 했지요. 이후 신라는 오랜 기간 동안 왜구의 침략을 받지 않았다고 해요. 정말 문무왕이 용이 되어 신라를 지킨 것일까요?

📍 **경주 감은사지**

아쉽게도 감은사는 오늘날에는 남아 있지 않아요. 지금은 감은사가 있던 자리에 경주 감은사지 동서 3층 석탑 2개와 감은사가 있었던 터만이 남아 있어요.

• 왜구 옛날에 우리나라 바다 근처에서 도둑질을 하던 일본 해적을 말해요.
• 골칫거리 성가시거나 처리하기 어려운 일을 말해요.
• 유언 죽기 전에 남긴 말을 말해요.

오늘의 날짜   월   일

1
중심 낱말

〔1문단〕의 중심 낱말로 알맞은 것은 무엇인가요?   (   )

① 왜구   ② 대왕암   ③ 신문왕

2
중심 내용

〔1문단〕, 〔2문단〕의 중심 내용을 알맞게 줄로 이으세요.

〔1문단〕 •

〔2문단〕 •

• 문무 대왕릉에는 신라를 걱정한 문무왕의 마음이 담겨 있어요.

• 신문왕은 아버지 문무왕을 위해 감은사를 완성했어요.

3
세부 내용

문무왕이 다음과 같은 유언을 남긴 이유는 무엇인가요?   (   )

내가 죽거든 바다에서 장례를 치러라. 나는 죽어서 바다의 용이 되어 신라를 지킬 것이다.

① 신문왕을 번거롭지 않게 하려고
② 왜구로부터 신라를 지키기 위해
③ 신라의 삼국 통일을 이루기 위해

4
어휘 표현

다음 (   ) 안에 들어갈 알맞은 낱말을 골라 ○표 하세요.

신문왕은 아버지의 은혜에 감사한다는 뜻을 담아 (감은사 , 부석사)라는 이름의 절을 지었어요.

 오늘의 **한** 문장 정리

신라 ＿＿＿＿＿＿＿＿＿＿ 은 죽어서도 바다의 용이 되어 신라를 지키려고 했어요.

5일차 게임

전설의 아이템, 신문왕의 피리

아이템 정보

신비한 피리 **만파식적**

신라 시대에 만들어진 전설의 피리

효과: 피리를 불면 사납게 쳐들어 오던 **적군**이 물러가고, 병을 앓던 사람이 나으며, 가뭄에는 비가 오고 홍수에는 비가 그치며, 바다의 바람과 물결도 잠잠해진다.

가격: 20,000냥   구매하기

마을 노인 NPC

이 피리는 바다의 용이 된 문무왕과 하늘의 신이 된 김유신 장군이 통일 신라를 지키기 위해 보낸 대나무로 만든 피리일세. 신라의 신문왕이 경주 앞바다에 둥실둥실 떠다니는 바위섬에서 만난 용에게서 "이 섬의 대나무를 베어 피리를 만들어 불면 세상이 평화로워진다."라는 이야기를 들었다지. 신문왕이 대나무를 베어 만든 피리를 불자 나라의 걱정과 근심이 해결되었다고 하네…….

• 적군 적의 군대나 군사를 말해요.

1 이 게임에서 설명하는 아이템은 무엇인가요? 　　　　　(　　　　)

① 칠지도　　　　　　　② 만파식적　　　　　　③ 빗살무늬 토기

2 마을 노인이 들려준 이야기 속 바다의 용과 관련된 인물은 누구인가요? (　　　　)

① 　　② 　　③

🔺 신라 문무왕　　　　　🔺 백제 근초고왕　　　　🔺 고구려 광개토 대왕

3 마을 노인이 들려준 이야기의 내용으로 맞으면 ○표, 틀리면 ×표 하세요.

(1) 문무왕과 김유신 장군은 신라를 지키고자 했어요. 　　　　　(　　　　)
(2) 신문왕은 바위섬에서 만난 용의 말을 듣지 않았어요. 　　　　　(　　　　)
(3) 신문왕은 용을 물리쳐 나라의 걱정과 근심을 해결했어요. 　　　(　　　　)

4 이 게임 속 아이템의 효과를 모두 찾아 ○표 하세요.

| 적군이 물러가게 한다. | 병에 걸리도록 한다. |

| 가뭄에 비가 오게 한다. | 바다의 물결을 잠재운다. |

1 밑줄 친 낱말의 뜻을 알맞게 줄로 이으세요.

사람들은 불상을 보며 <u>염불</u>을 외웠어요.	하천이나 호수의 물이 넘치지 않게 쌓은 언덕
우리나라는 일본에 <u>선진</u> 문화를 전해 주었어요.	부처님의 모습과 깨달음을 생각하며 불경을 외우는 수행법
신라는 일본에 <u>둑</u> 쌓는 기술을 가르쳐 주었어요.	문물의 발전 정도나 수준이 다른 것보다 앞선 것
경주에서 <u>강진</u>이 발생하여 다보탑의 난간이 떨어졌어요.	자연적인 원인으로 지구의 표면이 흔들리는 지진 중 크기가 큰 지진
왜구는 문무왕의 <u>골칫거리</u>였어요.	성가시거나 처리하기 어려운 일
문무왕은 자신이 죽으면 바다에 묻으라는 <u>유언</u>을 남겼어요.	죽기 전에 남긴 말

2 밑줄 친 낱말과 뜻이 비슷한 낱말을 〈보기〉에서 찾아 빈칸에 쓰세요.

〈보기〉

닮다   실마리   창의적   관찰하다   북돋우다

(1) 신라는 점차 **독창적**인 탑을 만들었어요.   _____
　　　　다른 것을 흉내 내지 않고 새롭고 독특한 것을 만들어 내는 것

(2) 첨성대에 올라 별들의 움직임을 **관측해요**.   _____
　　　　　　　　자연을 자세히 살펴보아 어떤 사실을 알아내다.

(3) 신라는 백성들에게 불교를 적극적으로 **장려했어요**.   _____
　　　　　　　　좋은 일에 힘쓰도록 북돋아 주다.

(4) 불상의 손 모양은 어떤 부처님인지 알 수 있는 **단서**예요.   _____
　　　　　　　　문제를 해결하는 데 도움이 되는 사실

(5) 고구려의 고분 벽화와 일본의 고분 벽화는 무척 **유사해요**.   _____
　　　　　　　　서로 비슷하다.

3 다음 문장의 밑줄 친 낱말을 바르게 고쳐 빈칸에 쓰세요.

(1) 탑에는 부처님의 **우골**이 모셔져 있어요.   _____

(2) 만파식적을 불자 쳐들어오던 **적꾼**이 물러갔어요.   _____

(3) 사람들은 부처님의 가르침에 따라 **스행**을 했어요.   _____

(4) 다보탑의 난간이 떨어지고 학교 벽에 **규녈**이 생겼어요.   _____

(5) 일본 사람들은 고구려 사람들과 비슷한 **오차림**을 했어요.   _____

4주

1일

경주 불국사

신라 사람들이 부처님의
나라를 상상하여 만든
절이에요.

2일

경주 석굴암

화강암을 쌓아 올려
동굴처럼 만든 신라의
절이에요.

698년
발해 건국

8세기
경주 불국사 중건

8세기
경주 석굴암 조성

연표를 따라가며 **4주차**에 만날 문화유산의 **이름**과 **특징**을 살펴보세요.

3일

통일 신라의 탑

통일 신라는 3층탑뿐
아니라 다양한 모양의
탑을 만들었어요.

4일

통일 신라의 종

통일 신라는 절 안에
커다란 범종을
만들었어요.

5일

발해 문화

발해는 고구려 문화를
바탕으로 독창적인 문화를
만들었어요.

8세기
경주 불국사
3층 석탑 건립

765년
신라,
혜공왕 즉위

771년
성덕 대왕 신종 완성

926년
발해 멸망

1일차
글

지문분석 동영상강의

신라 사람들이 부처님의 나라를 꿈꾸며 만든 절은 무엇일까요?

경주 불국사
- 위치: 경상북도 경주시
- 특징: 통일 신라의 대표적인 절로, 유네스코 세계 유산으로 등재됨.

1 문단 부처님의 나라는 어떤 모습일까요? 경상북도 경주 토함산에 위치한 경주 불국사는 신라 사람들이 부처님의 나라를 만들고 싶다는 소망을 담아 만든 절이에요. '불국'이란 부처님이 계신 나라를 말해요. 통일 신라 경덕왕 때 **재상**이었던 김대성이 나라의 안정과 백성들의 평안을 위해 불국사를 지었다고 전해져요.

2 문단 불국사의 곳곳에는 부처님의 나라를 표현한 다양한 건축물이 있어요. 부처님의 나라에 들어 가기 위해 인간 세계와 부처님의 세계를 연결하는 경주 불국사 청운교 및 백운교를 오르면 부처님의 세계로 들어가는 문인 자하문을 마주하게 된답니다. 이 문을 지나면 부처님의 모습을 나타낸 불상이 있는 **대웅전**이 있어요. 대웅전 앞에는 2개의 탑이 서로 마주 보고 서 있는데, 대웅전 왼쪽에는 경주 불국사 3층 석탑, 대웅전 오른쪽에는 경주 불국사 다보탑이 서 있어요. 불국사는 찬란했던 통일 신라의 불교문화를 엿볼 수 있는 절로, 독특하고 아름다운 건축물로 그 가치를 인정받아 유네스코 세계 유산에 등재되었답니다.

♀ 경주 불국사 연화교 및 칠보교

불국사에 오르는 길은 두 가지예요. 동쪽으로 청운교 및 백운교를 지난다면 서쪽으로는 연화교 및 칠보교를 지나요. 연화교 및 칠보교에 오르면 안양문을 통해 부처님의 세계로 들어가지요.

⬥ 경주 불국사 3층 석탑　　⬥ 경주 불국사 대웅전　　⬥ 경주 불국사 다보탑

- 재상 임금을 돕던 가장 높은 지위의 관리를 말해요.
- 대웅전 석가모니 불상을 모셔 놓은 건축물이에요.

오늘의 날짜   월   일

1
중심 낱말

이 글의 중심 낱말로 (   ) 안에 들어갈 알맞은 말은 무엇인가요?   (   )

(   ) 불국사

① 금천   ② 경주   ③ 합천

2
중심 내용

1 문단 , 2 문단 의 중심 내용을 알맞게 줄로 이으세요.

1 문단 ·

2 문단 ·

· 불국사의 곳곳에는 부처님의 나라를 표현한 다양한 건축물이 있어요.

· 불국사는 신라 사람들이 부처님의 나라를 만들려는 마음을 담아 만든 절이에요.

4주

3
세부 내용

이 글의 내용으로 알맞은 것은 무엇인가요?   (   )

① 불국사는 최치원이 지었다고 전해져요.

② 불국사의 대웅전 앞에는 1개의 탑이 서 있어요.

③ 불국사는 유네스코 세계 유산으로 등재되었어요.

4
어휘 표현

다음 (   ) 안에 들어갈 알맞은 낱말을 골라 ○표 하세요.

불국사 청운교 및 백운교를 오르면 부처님의 세계로 들어가는 (**자하문** , **숭례문**)을 마주해요.

 오늘의 **한** 문장 정리

_____ 는 신라 사람들이 부처님이 계신 나라를 생각하며 만든 절이에요.

1일차 블로그

지문분석 동영상강의

일연 스님의 경주 여행

내 블로그 | 이웃 블로그 | 블로그 홈 | 로그인

일연

고조선과 삼국 시대의 이야기가 담긴 『삼국유사』를 쓰고 있는 고려의 승려입니다. 이웃 맺기는 언제든 환영해요.

목록

📄 전체 보기(17)

📄 나와 불교(6) Ⓝ
  ⌐🖻 유적지 탐방(2)
  ⌐🖻 불교 이야기(4)
📄 삼국의 역사(9)
📄 고려의 역사(2)

활동 정보 ▲

블로그 이웃 713명
글 보내기 0회

삼국의 이야기를 찾아서

 일연 12○○년 ○○월 ○○일 09:12   URL 복사

가을맞이 경주 여행을 다녀왔어요. 경주는 절이 하늘의 별처럼 많고 탑과 탑이 무리를 지어 날아가는 기러기처럼 **연이어** 있어 매우 인상 깊었답니다.

이번 여행에서 저는 경주 불국사 다보탑을 가장 인상 깊게 보았어요. 경주 불국사 대웅전 오른쪽에 서 있는 다보탑은 돌을 나무처럼 자유자재로 깎아 만든 **걸작**으로, 지금까지 남아 있는 신라의 탑 중 가장 화려한 탑이라 생각합니다. 물론 대웅전 왼쪽에 서 있는 경주 불국사 3층 석탑도 단정하면서 세련된 석탑이지요. 이 탑은 '석가탑'이라는 이름으로도 알려져 있지요? 이번 여행을 추억하는 기념품을 가지고 싶었는데 마땅한 것이 없더군요. 그래서 지갑 속 다보탑이 새겨진 오래된 동전을 기념품으로 여기기로 했답니다.

그런데 다보탑은 2층일까요? 3층일까요? 이 탑은 아직까지도 몇 층인지 사람들의 의견이 다르다고 해요. 이웃님들은 다보탑이 몇 층이라고 생각하는지 댓글 달아 주세요!

- 연잇다 어떤 일이나 상태가 끊어지거나 멈추지 않고 계속되는 것을 말해요.
- 걸작 매우 뛰어난 예술 작품을 말해요.

오늘의날짜   월   일

1 이 블로그의 내용으로 맞으면 ○표, 틀리면 ×표 하세요.

(1) 경주에는 절과 탑이 많이 있어요.   (   )

(2) 다보탑은 나무를 깎아 만든 탑이에요.   (   )

(3) 대웅전 오른쪽에는 다보탑이 서 있어요.   (   )

4주

2 다음 빈칸에 들어갈 알맞은 낱말을 이 블로그에서 찾아 쓰세요.

경주 _____ 에 있는 3층 석탑은 간결하고 균형 있는 아름다움이,
다보탑은 화려하고 독창적인 아름다움이 담겨 있어 명성이 높아요.

3 이 블로그의 글쓴이가 여행의 기념품으로 삼은 동전은 무엇인가요?   (   )

①   ②   ③

4 다음 (   ) 안에 들어갈 알맞은 낱말을 골라 ○표 하세요.

우리나라의 가장 대표적인 3층 석탑 중 하나로, 원래 이름
은 '식가어래 상주 실빕탑'이에요. 그래서 이 탑의 이름을 줄
여 (**석가탑** , **다보탑**)이라 부르기도 하지요.

석굴암의 가치를 높게 평가하는 까닭은 무엇일까요?

2일차

글

경주 석굴암 석굴
- 위치: 경상북도 경주시
- 특징: 통일 신라 때 만든 인공 석굴로, 경주 불국사와 함께 유네스코 세계 유산으로 등재됨.

1 문단 경주 석굴암 석굴은 화강암을 쌓아 올려 동굴처럼 만든 절이에요. 통일 신라 때는 대부분 나무로 절을 지었는데, 석굴암은 특이하게 돌을 쌓아 만들었지요. 석굴암 안에는 석가모니가 깨달음을 얻은 순간을 표현한 불상이 있고, 주변의 벽에는 불교의 여러 신과 불교와 관련된 인물들이 새겨져 있어요. 또한, 석굴암의 천장은 다양한 방향에서 돌을 **아치형**으로 쌓아 올린 후 가장 윗부분에 크고 둥근 돌을 얹어 튼튼하게 완성했어요. 이러한 구조 덕분에 아치형 굴 가운데에 기둥을 세우지 않아도 무너지지 않는 튼튼한 지붕을 만들 수 있었어요. 석굴암에는 신라의 **우수한** 건축 기술이 담겨 있답니다.

2 문단 석굴암을 통해 신라의 뛰어난 과학 기술까지 엿볼 수 있어요. 신라 사람들은 높은 기온과 습한 공기 때문에 석굴암 내부가 훼손되지 않도록 바닥에 항상 차가운 물이 흐르게 했어요. 이 덕분에 석굴 안의 습기가 바닥으로 모여 땅속으로 스며들어 석굴암 안의 공기는 항상 건조한 상태를 유지할 수 있었지요. 그러나 일제 강점기 때 일본이 석굴암을 **보수한다며** 벌인 공사로 인해 이러한 기능을 잃어버리고 말았어요. 현재는 석굴암이 더 훼손되는 것을 막기 위해 다양한 장치를 설치했어요. 그중 석굴암 안에 습기가 차는 것을 막기 위해 에어컨을 설치했는데, 이 에어컨이 우리나라에 최초로 설치된 에어컨이랍니다. 석굴암은 건축 기술의 우수성뿐만 아니라 과학적 가치와 예술적 가치가 높이 평가되어 유네스코 세계 유산으로 등재되었어요.

석굴암에 담긴 건축 기술

석굴암을 지을 때 신라 사람들은 둥그런 아치 모양의 천장이 무너지지 않게 하기 위해 돌과 돌 사이에 주먹돌로 불리는 긴 돌을 끼워 넣어 무거운 돌을 받치도록 했어요.

- 아치형 활이나 무지개같이 한가운데가 높고 길게 굽은 모양을 말해요.
- 우수하다 여럿 가운데 뛰어난 것을 말해요.
- 보수하다 건물이나 시설의 낡거나 부서진 것을 손보아 고치는 것을 말해요.

오늘의 날짜   월   일

1
중심 낱말

이 글의 중심 낱말로 (   ) 안에 들어갈 알맞은 말은 무엇인가요?   (   )

경주 석굴암 (   )   ① 동굴   ② 석굴   ③ 땅굴

2
중심 내용

1문단 , 2문단 의 중심 내용을 알맞게 줄로 이으세요.

1문단 ·

2문단 ·

· 석굴암을 통해 신라의 뛰어난 과학
기술을 엿볼 수 있어요.

· 석굴암은 신라 사람들의 뛰어난
건축 기술로 만들어졌어요.

3
세부 내용

이 글의 내용으로 맞으면 ○표, 틀리면 ×표 하세요.

(1) 석굴암의 천장은 사각형으로 쌓아 올렸어요.   (   )

(2) 통일 신라 때는 대부분 돌을 쌓아 절을 지었어요.   (   )

(3) 석굴암 안에 우리나라 최초로 에어컨이 설치됐어요.   (   )

4
내용 추론

석굴암 안의 공기를 항상 건조한 상태로 유지하기 위해 신라 사람들이 마련한 장치는
무엇인가요?   (   )

① 화강암을 쌓아 절을 만들었어요.

② 바닥에 항상 차가운 물이 흐르도록 했어요.

③ 석굴암 안에 불교의 여러 신을 새겨 넣었어요.

 오늘의 한 문장 정리

_____ 을 통해 신라의 우수한 건축 기술과 과학 기술을 엿볼 수 있어요.

2일차
신문기사

지문분석 동영상강의

석굴암에 담긴 충격적인 이야기

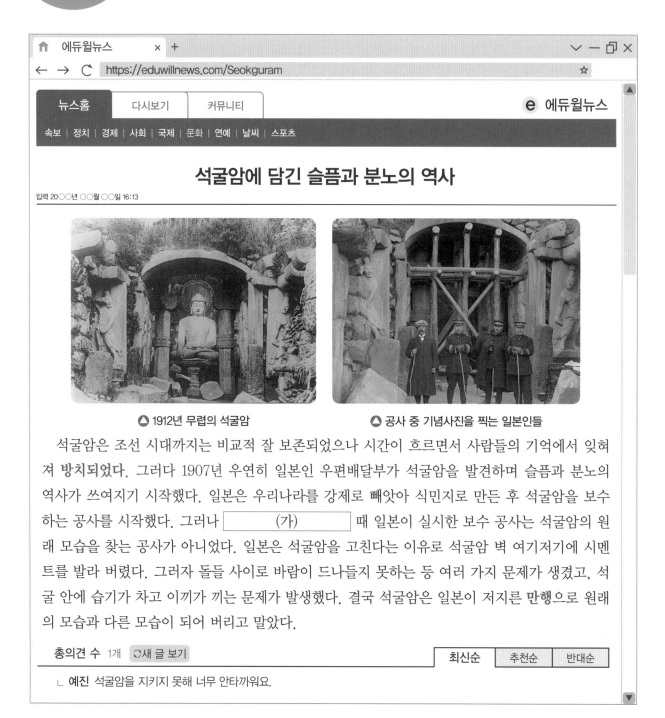

에듀윌뉴스 × +

https://eduwillnews.com/Seokguram

뉴스홈 다시보기 커뮤니티   **e** 에듀윌뉴스

속보 | 정치 | 경제 | 사회 | 국제 | 문화 | 연예 | 날씨 | 스포츠

석굴암에 담긴 슬픔과 분노의 역사

입력 20○○년 ○○월 ○○일 16:13

🔺 1912년 무렵의 석굴암   🔺 공사 중 기념사진을 찍는 일본인들

석굴암은 조선 시대까지는 비교적 잘 보존되었으나 시간이 흐르면서 사람들의 기억에서 잊혀져 **방치되었다**. 그러다 1907년 우연히 일본인 우편배달부가 석굴암을 발견하며 슬픔과 분노의 역사가 쓰여지기 시작했다. 일본은 우리나라를 강제로 **빼앗아** 식민지로 만든 후 석굴암을 보수하는 공사를 시작했다. 그러나 ___(가)___ 때 일본이 실시한 보수 공사는 석굴암의 원래 모습을 찾는 공사가 아니었다. 일본은 석굴암을 고친다는 이유로 석굴암 벽 여기저기에 시멘트를 발라 버렸다. 그러자 돌들 사이로 바람이 드나들지 못하는 등 여러 가지 문제가 생겼고, 석굴 안에 습기가 차고 이끼가 끼는 문제가 발생했다. 결국 석굴암은 일본이 저지른 **만행**으로 원래의 모습과 다른 모습이 되어 버리고 말았다.

총의견 수 1개 ↻새 글 보기   최신순 추천순 반대순

└ 예진 석굴암을 지키지 못해 너무 안타까워요.

• **방치되다** 관리하지 않고 내버려 두어지는 것을 말해요.
• **만행** 문화 수준이 낮은 야만스러운 행위를 말해요.

1 이 기사의 (가)에 들어갈 시대로 알맞은 것은 무엇인가요?　　　　　（　　　）

① 신라　　　　　　　② 조선　　　　　　　③ 일제 강점기

2 다음 (　　　) 안에 들어갈 알맞은 나라를 골라 ○표 하세요.

> 뛰어난 건축 기술로 지어진 석굴암은 (**일본** , **중국**)에 의해 훼손되어 원래의 모습과 다른 모습이 되었어요.

3 이 기사의 내용으로 알맞지 <u>않은</u> 것은 무엇인가요?　　　　　（　　　）

① 조선인 우편배달부가 방치되었던 석굴암을 발견했어요.
② 석굴암을 고친다는 이유로 벽 여기저기에 시멘트를 발랐어요.
③ 보수 공사 후 석굴암에는 습기가 차고 이끼가 끼는 등 문제가 생겼어요.

4 이 기사를 바탕으로 동영상을 만든다면 나올 장면으로 알맞은 것은 무엇인가요?

　　　　　（　　　）

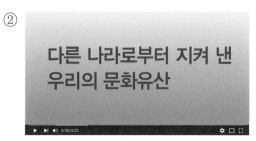

①　다른 나라에 의해 파괴된 우리의 문화유산

②　다른 나라로부터 지켜 낸 우리의 문화유산

3일차
글

지문분석 동영상강의

통일 신라에서 높게 쌓은 불교 건축물은 어떤 모습일까요?

경주 감은사지
- 위치: 경상북도 경주시
- 특징: 통일 신라 때 지은 절인 감은사가 있었던 절터로, 동탑과 서탑으로 이루어진 경주 감은사지 동서 3층 석탑이 있음.

1 문단 통일 신라에서는 경주를 비롯해 전국에 탑이 많이 세워졌어요. 통일 신라 시기에는 3층으로 쌓은 탑이 유행했는데, 대표적으로 경주 감은사지 동서 3층 석탑과 경주 불국사 3층 석탑이 있어요. 감은사지 동서 3층 석탑은 모양이 쌍둥이처럼 똑같은 2개의 탑으로 이루어져 있는데, 이 탑은 화강암이라는 단단한 돌로 만들어졌어요. 불국사 3층 석탑은 화려한 장식 없이 완벽한 비율만으로 아름다움을 표현한 탑으로, 석탑 근처에서는 다양한 유물이 발견되었답니다.

2 문단 한편, 통일 신라 말기에는 다양한 모양의 탑이 만들어졌어요. 대표적으로 화려하면서도 창의적인 아름다움이 돋보이는 경주 불국사 다보탑, 탑에 불상을 새긴 양양 진전사지 3층 석탑, 4마리의 사자가 탑의 네 **귀퉁이**를 받치고 있는 독특한 모양의 구례 화엄사 4사자 3층 석탑 등이 있어요. 특히, 불국사 3층 석탑과 마주 서 있는 다보탑은 특별한 모양을 가진 탑으로 손꼽히지요. 또, **선종**이 널리 퍼지면서 승려의 사리를 담은 승탑과 **탑비**도 많이 만들어졌어요.

📍 **화순 쌍봉사 철감선사탑**

통일 신라 말기에 만들어진 승탑으로, 구름무늬와 연꽃무늬 등 화려한 장식이 돋보여요.

🔺 **경주 불국사 3층 석탑**

🔺 **경주 불국사 다보탑**

🔺 **양양 진전사지 3층 석탑**

- **귀퉁이** 건물의 한구석이나 부분을 말해요.
- **선종** 개인의 수양과 깨달음을 중요시하는 불교의 한 종파를 말해요.
- **탑비** 승려가 태어나서 죽기까지 했던 일을 기록한 비석을 말해요.

오늘의 날짜   월   일

1
중심 낱말

이 글의 중심 낱말로 알맞은 것은 무엇인가요?   (   )

① 절   ② 탑   ③ 불상

2
중심 내용

1문단 , 2문단 의 중심 내용을 알맞게 줄로 이으세요.

1문단 ·

2문단 ·

· 통일 신라 시기에는 3층으로 쌓은 탑이 유행했어요.

· 통일 신라 말기에는 다양한 모양의 탑이 만들어졌어요.

4주

3
세부 내용

이 글의 내용으로 알맞지 <u>않은</u> 것은 무엇인가요?   (   )

① 불국사 3층 석탑과 다보탑은 마주 서 있어요.

② 통일 신라 말기에는 승탑과 탑비가 많이 만들어졌어요.

③ 진전사지 3층 석탑에는 4마리의 사자가 새겨져 있어요.

4
어휘 표현

다음 빈칸에 들어갈 말을 이 글에서 찾아 쓰세요.

_____ 은/는 동쪽에 서 있는 동탑과 서쪽에 서 있는 서탑의 모양이 쌍둥이처럼 똑같고, 화강암이라는 단단한 돌로 만들어졌어요.

😊 오늘의 **한** 문장 정리

통일 신라 시기에는 경주를 비롯해 전국에 많은 _____ 이 세워졌어요.

3일차

카드뉴스

도굴꾼 덕분에 발견된 석가탑의 보물들

1 1966년 어느 날 급하게 연락이 왔다.

2 도굴꾼들이 경주 불국사 3층 석탑을 훼손시켰다는 전화였다!

3 걱정 속에서 탑의 보수가 시작되었다.

4 그러나 이는 오히려 보물을 발견하는 좋은 기회가 되었다.

5 ◀ 불국사 3층 석탑 사리 장엄구 ▶

6 ◀ 무구정광대다라니경 ▶

지구상에 남아 있는 가장 오래된 목판 인쇄본

1 이 카드뉴스가 다루고 있는 문화유산은 무엇인가요?   (   )

① 경주 불국사 다보탑   ② 경주 불국사 사리탑   ③ 경주 불국사 3층 석탑

2 이 카드뉴스의 내용으로 맞으면 ○표, 틀리면 ×표 하세요.

⑴ 도굴꾼들이 불국사 대웅전을 훼손시켰어요.   (   )

⑵ 도굴꾼들이 훔쳐간 보물을 되돌려 받았어요.   (   )

3 이 카드뉴스의 내용과 어울리는 사자성어는 무엇인가요?   (   )

① 고진감래: 고생 끝에 즐거움이 옴.

② 전화위복: 걱정이 바뀌어 오히려 좋은 일이 생김.

③ 유비무환: 미리 준비가 되어 있으면 걱정할 것이 없음.

4 다음 (가)에 들어갈 사진은 무엇인가요?   (   )

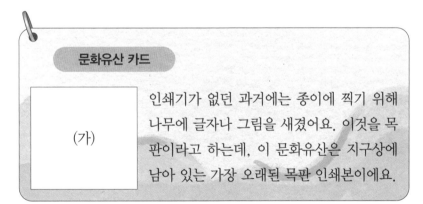

문화유산 카드

(가)

인쇄기가 없던 과거에는 종이에 찍기 위해 나무에 글자나 그림을 새겼어요. 이것을 목판이라고 하는데, 이 문화유산은 지구상에 남아 있는 가장 오래된 목판 인쇄본이에요.

①

🔺 무구정광대다라니경

②

🔺 불국사 3층 석탑
사리 장엄구

③

🔺 왕오천축국전

지문분석 동영상강의

4일차 글

신라의 은은한 종소리는 어디서 울릴까요?

국립 경주 박물관
- 위치: 경상북도 경주시
- 특징: 성덕 대왕 신종을 비롯한 신라와 관련된 문화유산을 볼 수 있음.

1 문단 맑고 깨끗하며 신비로운 종소리를 들어 본 적 있나요? 불교에서는 사람들이 종소리를 듣는 동안 부처님의 가르침을 느낄 수 있다고 믿어요. 불교를 가르치고 배우는 절에서 사용하는 종을 범종이라고 하는데, 시간을 알리거나 사람을 불러 모을 때 이 종을 쳤어요.

2 문단 통일 신라의 대표적인 범종으로는 상원사 동종과 성덕 대왕 신종이 있어요. 상원사 동종은 현재 우리나라에 남아 있는 범종 중 가장 오래된 종이에요. 소리가 맑고 **웅장하며**, 하늘을 날며 악기를 연주하는 비천상이 새겨져 있어 신비로운 분위기를 느낄 수 있답니다. '봉덕사종'이라고도 부르는 성덕 대왕 신종은 우리나라에서 가장 커다란 종이에요. 아름답고도 **여운**이 긴 종소리는 마치 부처님의 목소리를 듣는 것 같다고 해요. 상원사 동종과 성덕 대왕 신종의 꼭대기에는 커다란 용이 앉아 있는데, 이를 '용뉴'라고 해요. 용뉴는 무거운 종을 거는 고리로, 용뉴에 매달린 종은 흔들리면서 큰 울림의 소리를 냅니다. 통일 신라의 범종은 아름다운 모양과 **은은하고** 맑은 소리 덕분에 세계적으로도 그 가치를 인정받고 있어요.

♀ **성덕 대왕 신종**

성덕 대왕 신종에는 종을 만드는 데 참여한 사람의 이름과 두 손에 향로를 받쳐 들고 있는 우아한 비천상이 새겨져 있어요.

🔊 쇠줄을 연결하여 종을 거는 용뉴

🔊 상원사 동종

🔊 하늘을 날며 악기를 연주하는 비천상

- **웅장하다** 규모나 울림 등이 큰 것을 말해요.
- **여운** 소리가 그치거나 거의 사라진 뒤에도 남아 있는 잔잔한 소리나 울림을 말해요.
- **은은하다** 소리가 들릴 듯 말 듯 약한 것을 말해요.

오늘의날짜   월   일

1 이 글의 중심 낱말로 알맞은 것은 무엇인가요?   (   )

중심 낱말

① 범종   ② 불상   ③ 용뉴

2 1문단 , 2문단 의 중심 내용을 알맞게 줄로 이으세요.

중심 내용

1문단 ·

2문단 ·

· 통일 신라의 대표적인 범종에는 상원사 동종과 성덕 대왕 신종이 있어요.

· 불교를 가르치고 배우는 절에서는 범종을 만들어 사용했어요.

4주

3 이 글의 내용으로 알맞은 것은 무엇인가요?   (   )

세부 내용

① 상원사 동종은 유네스코 세계 유산에 등재되었어요.

② 성덕 대왕 신종은 우리나라에서 가장 작은 종이에요.

③ 상원사 동종은 우리나라에 남아 있는 가장 오래된 범종이에요.

4 다음 (   ) 안에 들어갈 알맞은 낱말을 골라 ○표 하세요.

어휘 표현

통일 신라의 범종인 상원사 동종과 성덕 대왕 신종의 꼭대기에는 커다란 용이 앉아 있는데, 이를 (**용뉴** , **비천상**)(이)라고 해요.

 오늘의 **한** 문장 정리

상원사 동종과 성덕 대왕 신종은 통일 신라의 대표적인 _____ 이에요.

4일차 웹툰
지문분석 동영상강의

성덕 대왕 신종에 얽힌 잘못된 이야기

• 왜곡 사실과 다르게 해석하거나 사실에서 멀어지게 하는 것을 말해요.

오늘의날짜   월   일

1 이 웹툰에서 성덕 대왕 신종을 완성한 왕을 찾아 ○표 하세요.

| 경덕왕 | 성덕왕 | 혜공왕 |

2 이 웹툰의 내용으로 맞으면 ○표, 틀리면 ×표 하세요.

(1) 스님은 부처님의 가르침을 전하고자 종을 만들었어요.   (   )

(2) 종을 완성하는 방법을 꿈속의 부처님이 가르쳐 주었어요.   (   )

(3) 완성된 종에서 아이의 해맑은 웃음처럼 들리는 소리가 났어요.   (   )

4주

3 이 웹툰에서 나온 문화유산으로 알맞은 것은 무엇인가요?   (   )

①    ②    ③

4 다음 빈칸에 들어갈 알맞은 낱말을 이 웹툰에서 찾아 쓰세요.

성덕 대왕 신종이 어린아이를 바쳐 완성하여 '_____'(이)라고 불리게 되었다는 이야기는 일본에 나라를 빼앗겼던 일제 강점기 때 지어진 이야기예요. 이처럼 몇몇 문화유산에는 일제 강점기에 지어졌지만 마치 전설인 것처럼 널리 퍼진 것이 있으니 주의해야 해요.

5일차 글

발해의 문화는 어땠을까요?

발해 역사관
- 위치: 강원도 속초시
- 특징: 속초 시립 박물관 안에 마련된 박물관으로, 발해와 관련된 유물을 볼 수 있음.

1문단 발해를 세운 대조영은 원래 고구려 사람이었어요. 대조영은 고구려가 망한 뒤 중국 당나라에 포로로 끌려갔다가, 고구려 **유민**과 **말갈족**을 이끌고 옛 고구려의 땅이었던 동모산에서 성을 쌓아 발해를 세웠어요. 이처럼 발해의 뿌리는 고구려로부터 이어졌기 때문에 발해는 스스로 고구려를 이은 나라임을 내세웠어요. 그리하여 발해의 연꽃무늬가 새겨진 **기와**는 고구려의 것과 닮았고, 고구려 유적에서 발견된 **온돌** 장치가 발해 유적에서도 발견되었답니다.

2문단 발해는 고구려 문화를 바탕으로 당나라 문화, 말갈족 문화 등 다양한 문화를 받아들여 자신들만의 독창적인 문화를 만들었어요. 발해 문왕의 딸인 정효 공주의 무덤은 천장은 고구려 문화, 무덤 내부는 중국 당나라 문화, 무덤 외부는 발해의 문화가 어우러져 있어요.

3문단 한편, 발해의 도읍이었던 상경과 그 주변 지역에서 불교와 관련된 절터, 불상, 탑, 석등이 많이 발견되는 것으로 보아, 발해는 불교문화가 발달했음을 알 수 있답니다.

📍 **발해 석등**

석등은 절에 세우는 장식품 중 하나예요. 발해 석등은 높이가 약 6m로, 엄청난 크기를 자랑해요.

🔺 **발해 연꽃무늬 기와**

🔺 **고구려 연꽃무늬 기와**

- **유민** 망해 없어진 나라의 백성을 말해요.
- **말갈족** 고구려 주변에 살던 민족들을 부르던 말로, 나중에 '여진족'이라는 이름으로 불렸어요.
- **기와** 흙을 구워 만든 건축 재료로, 지붕을 덮는 데 쓰는 물건을 말해요.
- **온돌** 불로 바닥을 따뜻하게 하는 장치로, 우리 민족에게만 나타나는 고유한 문화예요.

오늘의날짜   월   일

1

중심 낱말

이 글의 중심 낱말로 알맞은 것은 무엇인가요?   (   )

① 백제   ② 발해   ③ 고구려

2

중심 내용

1문단 , 2문단 , 3문단 의 중심 내용을 알맞게 줄로 이으세요.

1문단 ·

2문단 ·

3문단 ·

· 발해는 다양한 문화를 받아들여 독창적인 문화를 이루었어요.

· 발해는 스스로 고구려를 이은 나라임을 내세웠어요.

· 발해는 불교문화가 발달했음을 알 수 있어요.

3

세부 내용

이 글의 내용으로 알맞지 <u>않은</u> 것은 무엇인가요?   (   )

① 대조영은 동모산에서 성을 쌓아 발해를 세웠어요.

② 정효 공주의 무덤은 다양한 문화가 어우러져 있어요.

③ 상경과 그 주변 지역에서 기독교와 관련된 유물이 발견됐어요.

4

어휘 표현

다음 (   ) 안에 들어갈 알맞은 낱말을 골라 ○표 하세요.

대조영은 고구려의 (**유민** , **국민**)과 말갈족을 이끌고 발해를 세웠어요.

 오늘의 **한** 문장 정리

발해 문화를 통해 발해는 _____ 를 계승한 나라임을 알 수 있어요.

발해 사람들이 사랑한 따끈따끈 온돌

아이고, 얼어 죽겠네!

어서 집으로 가서 온돌 위에 누워 있자고!

최 기자

안녕하세요. 길덕 씨. 인터뷰에 응해 주셔서 감사합니다. 이곳의 겨울은 몹시 춥고 기네요. 발해 사람들은 이렇게 추운 겨울을 어떻게 견디는 거죠?

박길덕

추워 죽겠으니 어서 이야기하고 갑시다. 우리 발해 사람들은 집에 온돌 장치를 설치했어요. 온돌 장치를 사용하면 방바닥을 따뜻하게 데울 수 있어 추운 날씨에 무척 도움이 된답니다.

최 기자

발해의 온돌 장치가 고구려식으로 만들어졌다는 이야기는 들었어요. 과연 고구려의 후손답군요.

박길덕

맞아요. 우리가 온돌 장치를 사용하는 것은 당연하지요. 온돌 장치는 우리 민족 고유의 난방 장치니까요. 중국이나 일본에서는 우리처럼 집에 온돌 장치를 설치하지 않아요.

최 기자

발해와 고구려의 연관성은 연꽃무늬 기와, 정효 공주의 무덤뿐만 아니라 난방 방식을 통해서도 드러남을 알 수 있는 인터뷰였습니다. 발해가 옛 고구려 지역의 땅을 대부분 차지하며 중국 당나라로부터 '바다 동쪽에서 일어나 **번성한** 나라'라는 뜻을 가진 '해동성국'으로 불리기도 했다는 것도 고구려를 이어받아서가 아닐까 싶네요. 인터뷰 감사합니다. 에취!

• 번성하다 세력이 커져서 널리 퍼지는 것을 말해요.

● 바른답과 도움말 13쪽

오늘의날짜   월   일

1 이 인터뷰에 응한 사람은 어느 나라 사람인가요?   (   )

① 발해   ② 신라   ③ 고구려

2 다음 (   ) 안에 들어갈 알맞은 낱말을 골라 ○표 하세요.

발해의 도읍이었던 상경에서 발견된 온돌 장치는
발해가 (**고구려** , **당나라**)를 이은 나라라는 것을 보
여 주는 것이에요.

△ 발해 온돌 터

3 다음 빈칸에 들어갈 알맞은 낱말을 이 인터뷰에서 찾아 쓰세요.

발해는 옛 고구려 지역의 땅을 대부분 차지하며
크게 세력을 넓혔어요. 그래서 중국 당나라는 발해
를 '바다 동쪽에서 일어나 가장 번성한 나라'라는
뜻을 담아 '_____'(이)라고 부르기
도 했어요.

△ 발해의 전성기 때 영토

4 이 인터뷰에 나온 문화유산을 모두 찾아 ○표 하세요.

온돌 장치   연꽃무늬 기와   문무 대왕릉

1~5일 지문에서 나온 중요 어휘를 정리해 보세요.

1 밑줄 친 낱말의 뜻을 알맞게 줄로 이으세요.

일본이 저지른 <u>만행</u>으로 석굴암이 훼손됐어요.	문화 수준이 낮은 야만스러운 행위
<u>온돌</u>은 우리 민족에게만 있는 고유한 문화예요.	불로 바닥을 따뜻하게 하는 장치
통일 신라의 범종에서 <u>은은하고</u> 맑은 종소리가 들려요.	건물이나 시설의 낡거나 부서진 것을 손보아 고치다.
다보탑은 돌을 자유자재로 깎아 만든 <u>걸작</u>이에요.	소리가 들릴 듯 말 듯 약하다.
대조영은 고구려 <u>유민</u>과 말갈족을 이끌고 발해를 세웠어요.	매우 뛰어난 예술 작품
일본은 석굴암을 <u>보수하면서</u> 벽 여기저기에 시멘트를 발랐어요.	망해 없어진 나라의 백성

2 밑줄 친 낱말과 뜻이 비슷한 낱말을 〈보기〉에서 찾아 빈칸에 쓰세요.

─〈보기〉─

여운　　　　잊히다　　　　연달다　　　　우수하다　　　　우렁차다

(1) 성덕 대왕 신종의 종소리는 **여음**이 남아요.
　　　　소리가 그치거나 거의 사라진 뒤에도 아직 남아 있는 음향
　　　　　　　　　　　　　　　　　　　　　　　　　　　_____

(2) 석굴암은 점차 시간이 흐르면서 **방치되었어요**.
　　　　관리하지 않고 내버려 두어지다.
　　　　　　　　　　　　　　　　　　　　　　　　　　　_____

(3) 상원사 동종은 맑고 **웅장한** 종소리를 지녔어요.
　　　　규모나 울림 등이 크다.
　　　　　　　　　　　　　　　　　　　　　　　　　　　_____

(4) 경주에는 탑이 기러기 떼처럼 **연이어** 있었어요.
　　　　어떤 일이나 상태가 끊어지거나 멈추지 않고 계속되다.
　　　　　　　　　　　　　　　　　　　　　　　　　　　_____

(5) 석굴암에는 신라의 **탁월한** 건축 기술이 담겨 있어요.
　　　　남보다 훨씬 뛰어나다.
　　　　　　　　　　　　　　　　　　　　　　　　　　　_____

3 다음 문장의 밑줄 친 낱말을 바르게 고쳐 빈칸에 쓰세요.

(1) 신라의 **제상**이었던 김대성이 불국사를 지었어요.　　　　_____

(2) 발해의 연꽃무늬 **키와**는 고구려의 것과 닮았어요.　　　　_____

(3) 해동성국은 '바다 동쪽에서 일어나 **번상한** 나라'라는 뜻이에요.　　　　_____

(4) 성덕 대왕 신종에 얽힌 에밀레종 이야기는 **외곡된** 이야기예요.　　　　_____

(5) 화엄사 4사자 3층 석탑은 사자가 탑의 네 **기퉁이**를 받치고 있어요.　　　　_____

4주

보물 찾기

🍃 해적이 항해를 떠나고 있어요. 해적이 보물을 찾을 수 있게 알맞은 길을 찾아 줄을 그어요.

출발

도착

머리가 맑아지는 체조

다음 동작을 순서대로 하나씩 천천히 따라해 보아요.

두 손은 머리 위로 올리고
다리를 어깨 너비로 벌리고 서요.

왼손으로 오른팔의 손목을
잡아요.

그 상태로 인사하듯이 허리를
천천히 숙여요.

자신이 할 수 있는 만큼만 숙인 뒤
처음 자세로 돌아와 마무리해요.

에듀윌 초등 문해력보스 한국사 우리 문화 ❶

발 행 일	2022년 9월 8일 초판 ∣ 2022년 10월 24일 2쇄
저　　자	방대광, 김현숙, 신범식, 조윤호, 에듀윌초등문해력연구소
펴 낸 이	권대호, 김재환
펴 낸 곳	(주)에듀윌
등록번호	제25100–2002–000052호
주　　소	08378 서울특별시 구로구 디지털로34길 55
	코오롱싸이언스밸리 2차 3층

www.eduwill.net

대표전화 1600-6700

여러분의 작은 소리
에듀윌은 크게 듣겠습니다.

여러분의 이야기를 들려주세요.
공부하시면서 어려웠던 점, 궁금한 점.
칭찬하고 싶은 점, 개선할 점, 어떤 것이라도 좋습니다.

에듀윌은 여러분께서 나누어 주신 의견을
통해 끊임없이 발전하고 있습니다.

에듀윌 도서몰 book.eduwill.net
교재내용 문의 에듀윌 도서몰 → 문의하기 → 교재(내용, 출간) → 초등 문해력

초등부터 에듀윌

문해력 보스

바른답과 도움말

한국사

초등 3~6학년

우리 문화 ❶ 선사~통일 신라와 발해

eduwill

바른답과
도움말

한국사 초등 3~6학년

우리 문화 ❶ 선사~통일 신라와 발해

글 아주 먼 옛날 사람들의 생활 모습은 어땠을까요?

문단	중심 낱말	중심 내용
1문단	석기 시대	돌로 만든 도구를 사용했던 시대를 석기 시대라고 해요.
2문단	석기 시대	석기 시대는 구석기 시대와 신석기 시대로 나누어져요.
3문단	토기	신석기 시대 사람들은 토기를 만들어 사용했어요.

정답

1 ①   2
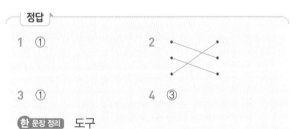
3 ①   4 ③

한 문장 정리 도구

1 이 글은 석기 시대 사람들이 어떤 도구를 사용했는지에 관한 내용을 담고 있습니다. 따라서 이 글의 중심 낱말은 '도구'입니다.
3 신석기 시대 사람들은 농사를 짓기 시작하였습니다.
4 빗살무늬 토기에 무늬를 새긴 까닭은 토기를 더욱 단단하게 만들기 위해 새긴 것으로 알려져 있습니다.

블로그 산들바람의 일기

정답

1 신석기 시대   2 가락바퀴
3 ②   4 ①

1 가락바퀴, 뼈바늘, 갈판과 갈돌, 빗살무늬 토기 등은 신석기 시대에 사용한 도구입니다.
2 옛날 사람들은 가락바퀴에 있는 둥근 구멍에 막대를 꽂고 돌려 실을 만들었습니다.
3 신석기 시대 사람들은 풀과 갈대, 짚을 덮어 만든 움집에서 살았습니다.
4 갈판과 갈돌을 이용해 곡식을 갈고, 빗살무늬 토기에 음식을 만들었습니다. 주먹도끼는 등장하지 않았습니다.

글 커다란 돌의 정체는 무엇일까요?

문단	중심 낱말	중심 내용
1문단	고인돌	우리나라는 전 세계에서 고인돌이 가장 많은 나라예요.
2문단	고인돌	고인돌을 만든 이유는 여러 가지로 짐작돼요.
3문단	고인돌	고인돌은 모양에 따라 종류를 나눌 수 있어요.

정답

1 ①   2
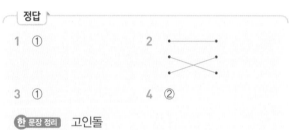
3 ①   4 ②

한 문장 정리 고인돌

1 이 글은 옛날 사람들이 고인돌을 만든 까닭과 고인돌의 종류에 관한 내용을 담고 있습니다. 따라서 이 글의 중심 낱말은 '고인돌'입니다.
3 고인돌은 지배자의 무덤 외에도 가족의 공동 무덤, 전쟁터에서 싸우다 죽은 사람들의 무덤으로 짐작되는 고인돌이 있습니다. 또한 제사를 지내는 제단으로 쓰인 것으로 짐작되는 고인돌도 있습니다.
4 바둑판식 고인돌은 죽은 사람을 묻고 그 위에 작은 돌을 깔고 난 뒤 커다란 돌을 덮어 바둑판처럼 생겼습니다.

동영상 미션! 고인돌을 만들어라

정답

1 ①   2 (1) ○ (2) × (3) ○
3 ⓒ – ②, ⓒ – ④, ⓔ – ⑤, ⓜ – ③
4 ③

1 동영상에서는 고인돌을 어떻게 만들었는지를 알려 주고 있습니다.
2 (2) 동영상의 고인돌을 만들기 위해서는 받침돌 2개와 덮개돌 1개가 필요합니다.
3 고인돌은 'ⓐ → ⓒ → ⓜ → ⓒ → ⓔ' 순서로 만듭니다.
4 이 동영상에서는 탁자식 고인돌을 만들고 있습니다.

글 **고구려의 전성기는 어디에 나타나 있을까요?**

문단	중심 낱말	중심 내용
1문단	비석	아주 먼 옛날부터 사람들은 중요한 장소나 무덤 앞에 비석을 세웠어요.
2문단	광개토 대왕릉비	장수왕은 아버지의 업적을 기리는 광개토 대왕릉비를 세웠어요.
3문단	충주 고구려비	장수왕의 정복 활동은 충주 고구려비를 통해 짐작할 수 있어요.

정답

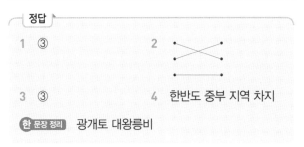

1 ③
2 (교차선)
3 ③
4 한반도 중부 지역 차지

한 문장 정리 **광개토 대왕릉비**

1 이 글은 광개토 대왕과 장수왕의 업적이 기록된 고구려 비석에 관한 내용을 담고 있습니다. 따라서 이 글의 중심 낱말은 '고구려 비석'입니다.

3 장수왕은 아버지 광개토 대왕의 업적을 기리기 위해 광개토 대왕릉비를 세웠습니다.

4 고구려의 한반도 중부 지역 차지를 짐작할 수 있습니다.

인터뷰 **한반도에서 발견된 문화유산**

정답

1 ①
2 ③
3 ③
4 (1) × (2) ×

1 이 인터뷰는 충주 고구려비에 관한 인터뷰입니다.

2 충주 고구려비는 충청북도 충주의 한 마을에서 발견된 비석입니다. 그러므로 한반도에 꽂혀 있는 노란색 깃발이 비석이 발견된 위치임을 짐작할 수 있습니다.

3 충주 고구려비는 고구려 비석입니다.

4 (1) 충주 고구려비를 발견했을 때 비석은 오랜 세월이 흘러 이끼가 덮이고 겉면의 마모가 심했습니다.
(2) 충주 고구려비는 고구려가 한강 유역의 여러 성을 차지한 후 세운 비석입니다.

글 **진흥왕의 업적은 어디에 새겨져 있을까요?**

문단	중심 낱말	중심 내용
1문단	진흥왕	진흥왕은 신라의 전성기를 이끌며 신라의 영토를 크게 넓혔어요.
2문단	비석	진흥왕은 새롭게 점령한 땅이 신라의 땅임을 알리기 위해 비석을 세웠어요.

정답

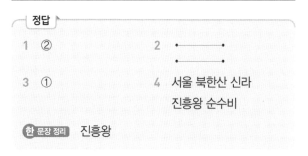

1 ②
2 (연결선)
3 ①
4 서울 북한산 신라 진흥왕 순수비

한 문장 정리 **진흥왕**

1 이 글은 신라의 전성기를 이끈 진흥왕이 세운 비석에 관한 내용을 담고 있습니다. 따라서 이 글의 중심 낱말은 '비석'입니다.

3 창녕 신라 진흥왕 척경비는 진흥왕이 대가야를 정복한 것을 기념하여 세웠습니다.

4 백제와 전쟁을 벌여 한강 유역을 전부 차지한 진흥왕은 북한산 꼭대기에 서울 북한산 신라 진흥왕 순수비를 세웠습니다.

SNS **신라 청년의 결심을 새긴 비석**

정답

1 ①
2 유교
3 ②
4 3

1 이 SNS에서 신라 청년들이 만든 비석은 임신서기석입니다.

2 신라 청년들이 유교의 경전을 열심히 공부하기로 약속한 것으로 보아, 신라에서도 유교의 경전을 가르쳤음을 알 수 있습니다.

3 신라 청년들은 유교의 경전을 공부하여 나라에 충성할 것을 다짐하며 비석을 만들었습니다.

4 신라 청년들은 3년 동안 『시경』, 『상서』, 『예기』, 『춘추전』을 차례로 공부하기로 맹세했습니다.

글　**가야의 문화는 어떠했을까요?**

문단	중심 낱말	중심 내용
1문단	철기 문화	가야는 철기 문화가 크게 발달했어요.
2문단	토기 문화	가야는 독특한 모양의 토기를 만들었어요.

정답

1　①

2　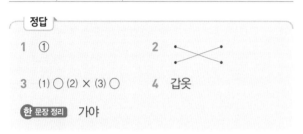

3　(1) ○ (2) × (3) ○

4　갑옷

한 문장 정리　가야

1　이 글은 가야의 철기 문화와 토기 문화에 관한 내용을 담고 있습니다. 그중 1문단에서 다루고 있는 내용은 가야의 철기 문화로, 중심 낱말은 '철기 문화'입니다.

3　(2) 가야의 토기는 높은 온도로 구워 단단하고 가벼웠습니다.

4　가야의 철제 갑옷은 여러 장의 얇은 철판을 이어 만든 갑옷으로, 철을 다루는 가야의 기술이 뛰어났음을 짐작할 수 있습니다.

온라인박물관　**둥근 무덤 속에 숨겨진 가야의 역사**

정답

1　①

2　(1) ○ (2) × (3) ×

3　①

4　순장

1　고령 지산동 고분군이 있는 경상북도 고령은 옛 대가야의 흔적이 남아 있는 지역입니다.

2　(2) 고령 지산동 고분군에서 출토된 금동관은 신라의 왕관과 달리 일정한 형태나 규칙을 가지지 않았습니다. 신라의 금동관이 출토된 것은 아닙니다.

　(3) 고령 지산동 고분군은 왕과 지배층의 무덤으로 짐작되고 있습니다.

3　고령 지산동 고분군에서 고령 지산동 32호분 출토 금동관이 발견되었습니다.

4　순장은 왕이나 귀족 등 지배층이 죽었을 때 그 사람들을 따르던 사람들을 함께 무덤에 묻는 풍습입니다.

정답

1　

2　(1) 모이다 (2) 찬양하다 (3) 땅 (4) 차지하다 (5) 묻다

3　(1) 가락바퀴 (2) 제단 (3) 전성기 (4) 마모 (5) 정복

2　(1) '모이다'는 여러 사람이 한곳에 오게 되거나 한 단체에 들게 되는 것을 말합니다.

　(2) '찬양하다'는 아름답고 훌륭함을 크게 기리고 드러내는 것을 말합니다.

　(3) '땅'은 나라의 영토 등을 일컫는 말입니다.

　(4) '차지하다'는 사물이나 공간, 지위 따위를 자기 몫으로 가지는 것을 말합니다.

　(5) '묻다'는 무언가를 흙이나 다른 물건 속에 넣어 보이지 않게 쌓아 덮는 것을 말합니다.

1일차 고구려 고분 벽화
36~39쪽

글 고구려 무덤 안에 그림이 많이 그려져 있는 까닭은 무엇일까요?

문단	중심 낱말	중심 내용
1문단	고분 벽화	고구려의 고분 벽화를 통해 당시 사람들의 생활 모습을 엿볼 수 있어요.
2문단	고분 벽화	고구려는 무덤 안에 넓은 방이 있어 고분 벽화가 많이 그려졌어요.

정답

1 ③

2 ●———————●

3 (1) ○ (2) × (3) ○

4 굴식 돌방무덤

한 문장 정리 고분 벽화

1 이 글은 고구려의 고분 벽화와 고구려의 무덤에 고분 벽화가 많이 그려질 수 있었던 까닭에 관한 내용을 담고 있습니다. 따라서 이 글의 중심 낱말은 '고분 벽화'입니다.

3 ⑵ 고구려 초기에는 장군총처럼 돌을 쌓아서 만든 돌무지무덤도 있었습니다. 시간이 흐르면서 고구려는 점차 돌로 된 넓은 방이 있는 굴식 돌방무덤을 만들었습니다.

4 굴식 돌방무덤은 돌로 통로를 만든 후 안쪽은 돌로 된 넓은 방을 만든 무덤입니다.

게임 고분 벽화 속 고구려 사람들의 생활 모습

정답

1 ③

2 (1) ○ (2) ○ (3) ○

3 ①

4 ②

1 이 게임에서 조사한 고분 벽화가 그려진 무덤은 무용총, 수산리 고분, 각저총입니다.

3 무용총의 수렵도 퍼즐 조각을 찾으면 됩니다.

4 답변은 수산리 고분에 그려진 교예도에 곡예를 하는 사람과 이를 보는 사람의 크기가 다르게 그려진 까닭을 설명하고 있습니다. 따라서 질문으로 사람들의 크기가 다르게 그려진 까닭이 무엇인지가 적절합니다.

2일차 백제 무덤
40~43쪽

글 백제 사람들은 죽으면 어떤 곳에 묻혔을까요?

문단	중심 낱말	중심 내용
1문단	백제 무덤	백제 사람들은 다양한 형태의 무덤을 만들었어요.
2문단	무령왕릉	무령왕릉은 대표적인 벽돌무덤으로, 많은 유물이 발견되었어유.

정답

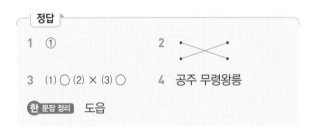

1 ①

2 ●╳●

3 (1) ○ (2) × (3) ○

4 공주 무령왕릉

한 문장 정리 도읍

1 이 글은 백제의 다양한 무덤 형태와 함께 대표적인 벽돌무덤인 무령왕릉에 관한 내용을 담고 있습니다. 따라서 이 글의 중심 낱말은 '백제 무덤'입니다.

3 ⑵ 벽돌무덤은 당시 중국 남쪽에 있던 양나라의 영향을 받아 만들어진 무덤입니다.

4 공주 무령왕릉은 충청남도 공주시 송산리에 있는 무덤으로서 입구에 놓인 지석을 통해 무덤의 주인이 누구인지 확실히 알 수 있었습니다.

온라인대화 잠에서 깨어난 백제의 보물

정답

1 ②

2 (1) ○ (2) ○ (3) ×

3 ③

4 중국, 일본

1 충청남도 공주 송산리에서 무령왕릉이 발견되었습니다.

2 ⑶ 무령왕릉은 세월이 많이 흘렀지만 무령왕 금제 관식, 장신구 등의 유물들이 훼손되지 않고 발견되었습니다.

3 무령왕릉에서는 무령왕 금제 관식, 무령왕릉 청동 거울 등이 발견되었습니다. 경주 천마총 장니 천마도는 경주 천마총에서 발견된 유물입니다.

4 무령왕릉에서 발견된 관을 통해 백제와 일본이 교류했음을 알 수 있고, 오수전과 무령왕릉 청동 거울을 통해 백제와 중국이 교류했음을 알 수 있습니다. 백제가 미국과 교류했다는 이야기는 대화에 나타나지 않았습니다.

글 **신라 무덤에서 유물이 발견될 수 있던 까닭은 무엇일까요?**

문단	중심 낱말	중심 내용
1문단	천마총, 황남대총	천마총과 황남대총에서는 수많은 유물이 발견되었어요.
2문단	돌무지덧널무덤	천마총과 황남대총은 돌무지덧널무덤이어서 벽화는 없지만 유물이 많이 남아 있어요.

정답

1 ①   2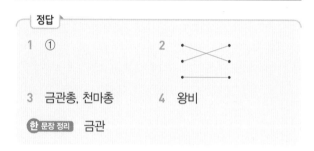

3 (1) ✕ (2) ○ (3) ○   4 황남대총

한 문장 정리 돌무지덧널무덤

1 이 글은 천마총과 황남대총에서 발견된 유물과 함께 신라의 무덤은 어떻게 유물이 발견될 수 있었는지에 관한 내용을 담고 있습니다. 따라서 이 글의 중심 낱말은 '신라 무덤'입니다.

3 (1) 천마도는 천마총에서 발견되었습니다.

4 황남대총에서는 서역에서 전해진 것으로 짐작되는 유리병과 유리잔이 발견되었습니다.

광고 **무덤을 파헤친 자를 잡아라**

정답

1 무덤을 도굴해 유물을 훔쳐 간 사람
2 ①   3 굴식 돌방무덤
4 ①

1 이 광고에서는 무덤을 도굴한 사람을 찾고 있습니다.

2 신라의 무덤은 돌무지덧널무덤으로 만들어져 도굴이 어렵기 때문에 유물이 가장 많이 남아 있다고 하였습니다.

3 굴식 돌방무덤은 입구만 찾으면 무덤 안으로 들어가 유물을 쉽게 훔칠 수 있어 도굴 피해가 가장 많이 발생한다고 하였습니다.

4 돌무지덧널무덤은 나무 덧널을 만들어 주변에 돌을 쌓은 후 흙을 덮어 만듭니다. 따라서 돌을 마저 쌓고 흙을 덮는 그림이 적절합니다. 나무 덧널 안까지 흙을 채워 넣으면 이후 관과 유물을 넣고 장례를 치를 수 없습니다.

글 **신라 왕이 머리에 쓴 것은 무엇일까요?**

문단	중심 낱말	중심 내용
1문단	금관	신라 금관은 화려한 장식이 돋보여요.
2문단	금관	신라 금관은 현재까지 6개가 발견되었어요.
3문단	금관	신라 금관은 여러 부분에서 사람들의 의견이 달라요.

정답

1 ①   2 (교차선)

3 금관총, 천마총   4 왕비

한 문장 정리 금관

1 이 글은 신라의 금관에 관한 내용을 담고 있습니다. 따라서 이 글의 중심 낱말은 '금관'입니다.

3 신라의 금관은 금관총, 천마총, 황남대총, 금령총, 서봉총에서 발견되었습니다. 고구려의 무덤인 장군총에서는 신라 금관이 발견되지 않았습니다.

4 황남대총은 왕비 쪽의 무덤에서 금관이 발견되었습니다.

온라인게시글 **무덤마다 이름을 다르게 부르는 까닭**

정답

1 ①   2 ②
3 (1) ✕ (2) ○ (3) ○   4 ①

1 이 게시글의 질문자는 어떤 무덤은 '○○왕릉'이라 부르고 어떤 무덤은 '○○총', '○○묘'라고 부르는 이유에 관해 질문하고 있습니다. 따라서 능, 총, 묘의 차이점을 알려 달라는 것이 게시글의 제목으로 알맞습니다.

2 학생은 경주 대릉원에서 미추왕릉, 천마총, 황남대총을 보고 왔습니다. 경주 무열왕릉은 질문자가 본 고분이 아니며, 경주 대릉원에 있지 않습니다.

3 (1) 천마총은 주인이 누구인지 알 수 없는 무덤입니다.

4 선덕 여왕의 무덤은 왕이 묻힌 무덤이므로 '선덕 여왕릉'이라고 부릅니다.

글 **백제의 화려한 문화를 엿볼 수 있는 문화유산은 무엇일까요?**

문단	중심 낱말	중심 내용
1문단	백제 금속 공예	백제는 뛰어난 금속 공예 기술을 이용해 화려한 공예품을 만들었어요.
2문단	칠지도, 백제 금동 대향로	칠지노와 백세 금동 대향로는 백제의 대표적인 공예품이에요.

정답

1 ③   2 •———•

3 근초고왕   4 ①

한 문장 정리 일본

1 이 글은 백제의 뛰어난 금속 공예 기술과 화려한 백제의 금속 공예품에 관한 내용을 담고 있습니다. 따라서 이 글의 중심 낱말은 '백제 금속 공예'입니다.

3 칠지도는 백제 근초고왕 때 만들어진 것으로 알려진 칼입니다.

4 백제 금동 대향로는 백제의 가장 뛰어난 금속 공예품 중 하나로, 금속으로 만들어진 향로입니다.

광고 **백제의 화려함이 담긴 신비의 향로**

정답

1 ③   2 봉황

3 ①   4 ③

1 백제 금동 대향로는 제사를 지내거나 행사를 치를 때 향을 피우는 도구입니다.

2 백제 금동 대향로의 꼭대기에는 구슬을 턱에 끼고 날개를 활짝 펼쳐 힘차게 날아오를 듯한 봉황이 장식되어 있습니다.

3 백제 금동 대향로의 뚜껑 부분에는 호랑이 조각이 새겨져 있습니다.

4 백제 금동 대향로의 용 받침에는 하늘로 날아오를 듯한 용이 장식되어 있습니다. 따라서 땅으로 내려오는 용이 멋있다는 반응은 적절하지 않습니다.

정답

1

2 (1) 사냥 (2) 집중하다 (3) 섬세하다
   (4) 춤추다 (5) 베끼다

3 (1) 담장 (2) 훼손되지 (3) 말다래 (4) 굴 (5) 이상적

2 (1) '사냥'은 총이나 활 또는 길들인 매나 올가미 따위로 산이나 들의 짐승을 잡는 일을 말합니다.

   (2) '집중하다'는 한곳을 중심으로 하여 모이는 것을 말합니다.

   (3) '섬세하다'는 매우 세밀하고 정확한 것을 말합니다.

   (4) '춤추다'는 장단에 맞추거나 흥에 겨워 팔다리와 몸을 율동적으로 움직여 뛰노는 것을 말합니다.

   (5) '베끼다'는 글이나 그림 따위를 원본 그대로 옮겨 쓰거나 그리는 것을 말합니다.

정답

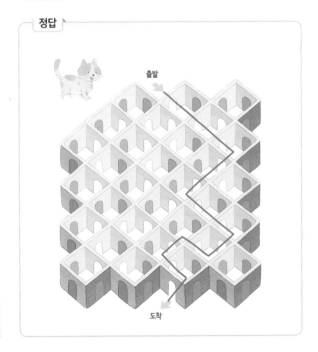

3주

1일차 삼국의 불상
62~65쪽

글 삼국에서 부처님의 모습을 본떠 만든 것은 무엇일까요?

문단	중심 낱말	중심 내용
1문단	불교	삼국은 불교와 관련 있는 문화유산을 만들었어요.
2문단	불상	사람들은 다양한 불상을 보고 수행을 했어요.
3문단	불상	삼국의 불상은 각각의 개성이 있어요.

정답

1 ③

2 ⟨연결선⟩

3 ①

4 서산 용현리 마애 여래 삼존상

한 문장 정리 부처님

1 이 글은 불교를 받아들이면서 만든 불상에 관한 내용을 담고 있습니다. 따라서 이 글의 중심 낱말은 '불상'입니다.
3 왼손에 약주머니를 들고 있는 것으로 보아 질병을 고쳐 주는 부처님의 모습을 담은 불상임을 알 수 있습니다.
4 서산 용현리 마애 여래 삼존상은 은은한 미소를 짓고 있어 '백제의 미소'라고 불리는 불상입니다.

웹툰 불상의 손 모양에 담긴 부처님의 뜻

정답

1 ③

2 (1) ○ (2) ○ (3) ×

3

4 ③

1 이 웹툰은 불상의 손 모양에 담긴 의미에 관한 내용이므로, 제목으로 '불상의 손 모양에 담긴 뜻'이 가장 알맞습니다.
2 ⑶ 불상의 손 모양은 어떤 부처님인지 알 수 있는 단서라고 했습니다.
4 불상의 손 모양을 보면 사람들을 깨달음으로 이끈다는 손 동작을 하고 있음을 알 수 있습니다.

2일차 삼국의 탑
66~69쪽

글 삼국에서 부처님을 위해 세운 것은 무엇일까요?

문단	중심 낱말	중심 내용
1문단	탑	삼국은 다양한 모양의 탑을 만들었어요.
2문단	탑	삼국은 다양한 재료로 탑을 만들었어요.

정답

1 ①

2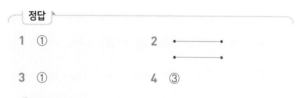

3 ①

4 ③

한 문장 정리 탑

1 이 글은 삼국에서 만들어진 탑에 관한 내용을 담고 있습니다. 따라서 이 글의 중심 낱말은 '탑'입니다.
3 경주 분황사 모전 석탑은 벽돌로 만든 중국의 탑을 본떠 만든 신라의 탑입니다.
4 고구려의 탑은 오늘날 전해지는 것이 없어서 불타기 쉬운 목탑을 주로 만들었을 것으로 짐작된다고 하였습니다.

동영상 높게 쌓은 불교 건축물에 숨겨진 비밀

정답

1 ②

2 ③

3 백제

4 ②

1 이 동영상은 탑을 만든 까닭과 이와 관련 있는 문화유산을 소개하는 내용을 담고 있습니다. 따라서 이 동영상의 중심 내용은 '탑'입니다.
2 탑은 부처님의 사리를 보관하기 위해 만들었다고 하였습니다.
3 익산 미륵사지 서탑 출토 사리 장엄구를 통해 백제의 뛰어난 금속 공예 기술을 확인할 수 있다고 하였습니다.
4 탑에 사리를 담은 상자를 넣거나, 다양한 보물을 넣었다고 하였으므로 이와 관련된 내용이 동영상에 나오리라 짐작할 수 있습니다.

글 신라 선덕 여왕은 어떤 건축물을 만들었을까요?

문단	중심 낱말	중심 내용
1문단	선덕 여왕	선덕 여왕은 나라의 힘을 하나로 모으기 위해 불교 건축물을 만들었어요.
2문단	첨성대	선덕 여왕은 하늘을 관측하기 위해 첨성대를 만들었어요.

정답

1 ②

2 •———• •———•

3 ①

4 황룡사 9층 목탑

한 문장 정리 선덕 여왕

1 2문단은 선덕 여왕이 만든 경주 첨성대에 관한 내용을 담고 있습니다. 따라서 2문단의 중심 낱말로 알맞은 것은 '첨성대'입니다.

3 첨성대에 사각형으로 난 창문에 들어오는 햇빛의 길이가 변하는 것을 통해 계절의 시작과 끝을 알았다고 했습니다. 따라서 창문은 햇빛의 길이를 잴 때 이용했습니다.

4 황룡사 9층 목탑의 각 층은 백제와 고구려를 포함한 주변의 9개 나라를 의미합니다.

신문기사 천년이 넘는 세월을 버티는 첨성대

정답

1 ①

2 (1) ○ (2) ○ (3) ✕

3 천문대

4 ②

1 첨성대는 경상북도 경주에 있습니다.

2 ⑶ 첨성대는 몸통 아래쪽을 위쪽보다 넓게 만들었습니다.

3 첨성대는 지구상에 존재하는 가장 오래된 천문대입니다.

4 만화에서 첨성대를 지으며 몸통의 돌을 서로 엇갈려 쌓고 있는 사람을 볼 수 있을 것입니다. 또한, 만화에서는 지진으로 인해 다보탑의 난간이 떨어지고 첨성대는 2cm 정도 기울었다는 장면을 볼 수 있을 것입니다.

글 삼국과 가야는 다른 나라와 어떤 교류를 했을까요?

문단	중심 낱말	중심 내용
1문단	일본	삼국과 가야의 문화는 일본에 전해져 많은 영향을 주었어요.
2문단	목조 미륵보살 반가 사유상	일본의 목조 미륵보살 반가 사유상을 통해 삼국과 일본의 교류를 알 수 있어요.

정답

1 ③

2 ✕ (교차)

3 ②

4 칠지도

한 문장 정리 일본

1 2문단에서는 삼국의 영향을 받아 일본에서 만들어진 문화유산에 관한 내용을 담고 있습니다. 따라서 2문단의 중심 낱말은 '목조 미륵보살 반가 사유상'입니다.

3 신라는 일본에 배 만드는 기술을 전해 주었습니다. 백제는 일본에 한문과 불교 등을 전해 주었고, 고구려는 일본에 종이와 먹 만드는 기술 등을 전해 주었습니다.

4 칠지도는 7개의 칼날이 나뭇가지 모양으로 뻗은 칼로, 백제의 근초고왕이 일본 왕에게 선물했습니다.

인터뷰 이웃 나라에 부는 한류 열풍

정답

1 ①

2 ②

3 가야

4 ③

1 이 인터뷰는 일본에서 고구려 옷을 입은 일본 사람과 이루어지고 있습니다.

2 고구려 사람들과 비슷한 옷을 입은 일본 사람들이 일본에서 그려진 고분 벽화에 나타나 있음을 알 수 있습니다.

3 일본의 스에키 토기는 가야의 기술자에게 배워 만들었다고 하였습니다.

4 이 인터뷰는 일본에서 사랑받는 우리나라의 물건들에 관한 인터뷰이므로 제목으로 알맞습니다.

글 **왕의 무덤이 바다에 있는 이유는 무엇일까요?**

문단	중심 낱말	중심 내용
1문단	문무 대왕릉	문무 대왕릉에는 신라를 걱정한 문무왕의 마음이 담겨 있어요.
2문단	감은사	신문왕은 아버지 문무왕을 위해 감은사를 완성했어요.

정답

1 ② 2 •——•

3 ② 4 감은사

한 문장 정리 문무왕

1 1문단은 신라 문무왕이 묻힌 문무 대왕릉에 관한 내용을 담고 있습니다. 따라서 1문단의 중심 낱말은 문무 대왕릉을 부르는 다른 말인 '대왕암'입니다.

3 문무왕은 왜구로부터 신라를 지키기 위해 바다에 자신을 묻으면 용이 되어 신라를 지키겠다는 유언을 남겼습니다.

4 신문왕은 아버지의 은혜에 감사한다는 뜻을 담아 감은사라는 이름의 절을 지었습니다.

게임 **전설의 아이템, 신문왕의 피리**

정답

1 ② 2 ①

3 (1) ○ (2) × (3) ×

4 적군이 물러가게 한다. / 가뭄에 비가 오게 한다. / 바다의 물결을 잠재운다.

1 이 게임에서 설명하고 있는 아이템은 '만파식적'입니다.

2 마을 노인은 문무왕이 바다의 용이 되었다고 하였습니다.

3 (2) 신문왕은 바위섬에서 만난 용의 말을 듣고 대나무를 베어 피리를 만들었습니다.

(3) 신문왕은 피리를 불어 나라의 걱정과 근심을 해결하였습니다.

4 피리를 불면 적군이 물러가고, 가뭄에는 비가 오고, 바다의 물결이 잠잠해진다고 하였습니다. 또한 병을 앓던 사람이 낫게 된다고 하였습니다.

정답

1

2 (1) 창의적 (2) 관찰하다 (3) 북돋우다 (4) 실마리 (5) 닮다

3 (1) 유골 (2) 적군 (3) 수행 (4) 균열 (5) 옷차림

2 (1) '창의적'은 새로운 것을 생각해 내는 것을 말합니다.

(2) '관찰하다'는 사물이나 현상을 주의 깊게 자세히 살펴보는 것을 말합니다.

(3) '북돋우다'는 기운이나 정신 따위를 더욱 높여 주는 것을 말합니다.

(4) '실마리'는 일이나 사건을 풀어 나갈 수 있는 첫머리를 말합니다.

(5) '닮다'는 사람 또는 사물이 서로 비슷한 생김새나 성질을 지닌 것을 말합니다.

1일차 경주 불국사 86~89쪽

글 **신라 사람들이 부처님의 나라를 꿈꾸며 만든 절은 무엇일까요?**

문단	중심 낱말	중심 내용
1문단	불국사	불국사는 신라 사람들이 부처님의 나라를 만들려는 마음을 담아 만든 절이에요.
2문단	불국사	불국사의 곳곳에는 부처님의 나라를 표현한 다양한 건축물이 있어요.

정답

1 ②
2 ✕ (선 연결)
3 ③
4 자하문

한 문장 정리 경주 불국사

1 이 글은 경주 불국사를 지은 까닭과 불국사에 있는 다양한 건축물에 관한 내용을 담고 있습니다. 따라서 이 글의 중심 낱말은 '경주 불국사'입니다.

3 유네스코 세계 유산에 등재된 불국사는 김대성이 지은 절로, 불국사의 대웅전 앞에는 2개의 탑이 서로 마주 보고 서 있습니다.

4 불국사 청운교 및 백운교를 오르면 자하문을 마주하게 됩니다.

블로그 일연 스님의 경주 여행

정답

1 (1) ○ (2) ✕ (3) ○
2 불국사
3 ①
4 석가탑

1 (2) 다보탑은 돌을 나무처럼 깎아 만든 탑입니다.

2 경주 불국사에 있는 2개의 탑은 각각이 지닌 아름다움으로 명성이 높습니다.

3 이 블로그의 글쓴이는 다보탑이 새겨진 오래된 동전을 기념품으로 여기기로 했다고 하였습니다. 따라서 다보탑이 새겨진 10원 동전이 여행의 기념품입니다.

4 경주 불국사 3층 석탑을 '석가탑'이라 부르기도 합니다.

2일차 경주 석굴암 90~93쪽

글 **석굴암의 가치를 높게 평가하는 까닭은 무엇일까요?**

문단	중심 낱말	중심 내용
1문단	석굴암	석굴암은 신라 사람들의 뛰어난 건축 기술로 만들어졌어요.
2문단	석굴암	석굴암을 통해 신라의 뛰어난 과학 기술을 엿볼 수 있어요.

정답

1 ②
2 ✕ (선 연결)
3 (1) ✕ (2) ✕ (3) ○
4 ②

한 문장 정리 경주 석굴암 석굴

1 이 글은 경주 석굴암 석굴에 담긴 신라의 우수한 건축 기술과 과학 기술에 관한 내용을 담고 있습니다. 따라서 이 글의 중심 낱말은 '경주 석굴암 석굴'입니다.

3 (1) 석굴암의 천장은 다양한 방향에서 돌을 아치형으로 쌓아 올렸습니다.
   (2) 통일 신라 때는 대부분 나무로 절을 지었습니다.

4 신라 사람들은 바닥에 항상 차가운 물이 흐르게 하여 석굴 안의 습기가 바닥으로 모여 땅속으로 스며들게 했습니다. 이로써 석굴암 안의 공기를 항상 건조한 상태로 유지할 수 있었습니다.

신문기사 석굴암에 담긴 충격적인 이야기

정답

1 ③
2 일본
3 ①
4 ①

1 우리나라를 강제로 빼앗아 식민지로 만든 일제 강점기 때 석굴암 보수 공사가 이루어졌습니다.

2 석굴암은 일본에 의해 훼손되었습니다.

3 일본인 우편배달부가 방치되었던 석굴암을 발견하였습니다.

4 다른 나라에 의해 파괴된 우리의 문화유산이 동영상에 나올 장면으로 적절합니다.

글 통일 신라에서 높게 쌓은 불교 건축물은 어떤 모습일까요?

문단	중심 낱말	중심 내용
1문단	탑	통일 신라 시기에는 3층으로 쌓은 탑이 유행했어요.
2문단	탑	통일 신라 말기에는 다양한 모양의 탑이 만들어졌어요.

정답

1 ②　　　　2 •——•

3 ③　　　　4 경주 감은사지 동서 3층 석탑

한 문장 정리 탑

1 이 글은 통일 신라에 만들어진 탑에 관한 내용을 담고 있습니다. 따라서 이 글의 중심 낱말은 '탑'입니다.
3 진전사지 3층 석탑에는 불상이 새겨져 있습니다.
4 경주 감은사지 동서 3층 석탑은 2개의 탑이 쌍둥이처럼 똑같고 화강암으로 만들어진 탑입니다.

카드뉴스 도굴꾼 덕분에 발견된 석가탑의 보물들

정답

1 ③　　　　2 (1) × (2) ×

3 ②　　　　4 ①

1 이 카드뉴스는 경주 불국사 3층 석탑에서 일어난 도굴 사건에 관해 다루고 있습니다.
2 (1) 도굴꾼들은 경주 불국사 3층 석탑을 훼손시켰습니다.
(2) 탑의 보수 공사 중 보물을 발견한 것으로, 도굴꾼들에게 보물을 되돌려 받은 것이 아닙니다.
3 도굴로 인해 탑이 훼손되었지만 오히려 보물을 발견할 수 있었다는 내용이므로 '전화위복'이라는 사자성어가 어울립니다.
4 무구정광대다라니경은 지구상에 남아 있는 가장 오래된 목판 인쇄본입니다.

글 신라의 은은한 종소리는 어디서 울릴까요?

문단	중심 낱말	중심 내용
1문단	범종	불교를 가르치고 배우는 절에서는 범종을 만들어 사용했어요.
2문단	범종	통일 신라의 대표적인 범종에는 상원사 동종과 성덕 대왕 신종이 있어요.

정답

1 ①　　　　2 ✕

3 ③　　　　4 용뉴

한 문장 정리 범종

1 이 글은 통일 신라 때 만들어진 범종에 관한 내용을 담고 있습니다. 따라서 이 글의 중심 낱말은 '범종'입니다.
3 통일 신라의 범종은 세계적으로 가치를 인정받고 있지만 유네스코 세계 유산으로 등재된 것은 아닙니다. 성덕 대왕 신종은 우리나라에서 가장 커다란 종입니다.
4 종의 꼭대기에 커다란 용이 앉아 있는데, 이를 용뉴라고 합니다.

웹툰 성덕 대왕 신종에 얽힌 잘못된 이야기

정답

1 혜공왕　　　　2 (1) × (2) ○ (3) ×

3 ②　　　　4 에밀레종

1 혜공왕이 경덕왕의 뜻을 이어 성덕왕의 업적을 기리는 성덕 대왕 신종을 완성했습니다.
2 (1) 스님은 혜공왕의 명령을 받아 종을 만들었습니다.
(3) 완성된 종에서 아이의 울음소리처럼 '에밀레' 하는 소리가 났습니다.
3 이 웹툰은 성덕 대왕 신종에 관한 이야기입니다.
4 성덕 대왕 신종이 어린아이를 바쳐 완성하여 에밀레종이라고 불리게 되었다는 이야기는 일제 강점기 때 지어진 이야기입니다.

글 **발해의 문화는 어땠을까요?**

문단	중심 낱말	중심 내용
1문단	발해	발해는 스스로 고구려를 이은 나라임을 내세웠어요.
2문단	발해	발해는 다양한 문화를 받아들여 독창적인 문화를 이루었어요.
3문단	발해	발해는 불교문화가 발달했음을 알 수 있어요.

정답

1 ②   2

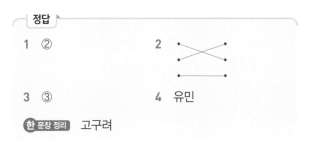

3 ③   4 유민

한 문장 정리 고구려

1 이 글은 발해와 고구려의 연관성 및 발해의 문화는 어땠는지에 관한 내용을 담고 있습니다. 따라서 이 글의 중심 낱말은 '발해'입니다.

3 상경과 그 주변 지역에서 불교와 관련된 유물이 발견되었습니다.

4 대조영은 고구려의 유민과 말갈족을 이끌고 발해를 세웠습니다.

인터뷰 **발해 사람들이 사랑한 따끈따끈 온돌**

정답

1 ①   2 고구려
3 해동성국   4 온돌 장치, 연꽃무늬 기와

1 인터뷰에 응한 사람은 발해 사람입니다.

2 온돌 장치를 통해 발해가 고구려를 계승했음을 알 수 있습니다.

3 '해동성국'은 '바다 동쪽에서 일어나 가장 번성한 나라'라는 뜻입니다.

4 이 인터뷰에서 제시된 문화유산은 온돌 장치, 연꽃무늬 기와, 정효 공주의 무덤입니다.

정답

1

2 (1) 여운 (2) 잊히다 (3) 우렁차다
   (4) 연달다 (5) 우수하다

3 (1) 재상 (2) 기와 (3) 번성한 (4) 왜곡된 (5) 귀퉁이

2 (1) '여운'은 소리가 그치거나 거의 사라진 뒤에도 남아 있는 잔잔한 소리나 울림을 말합니다.
(2) '잊히다'는 알았던 것이 생각이 나지 않게 되는 것을 말합니다.
(3) '우렁차다'는 소리의 울림이 매우 크고 힘찬 것을 말합니다.
(4) '연달다'는 어떤 물체가 다른 물체의 뒤를 이어서 따르는 것을 말합니다.
(5) '우수하다'는 여럿 중에서 뛰어난 것을 말합니다.

쉬어가기   108쪽

정답

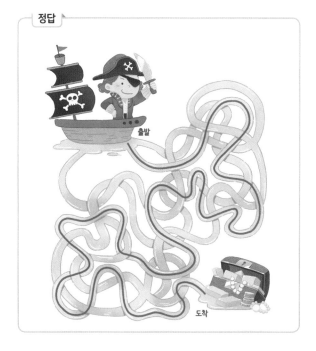

찾아보기

ㄱ

가락바퀴	14
가야 토기	28, 30
각저총	38
간석기	12
갈판과 갈돌	12, 14
강서대묘	36
경덕왕	86, 100
경주 감은사지 동서 3층 석탑	78, 94
경주 대릉원	44, 50
경주 문무 대왕릉	78
경주 분황사 모전 석탑	66, 70
경주 불국사	86
경주 불국사 3층 석탑	86, 88, 94, 96
경주 불국사 3층 석탑 사리 장엄구	96
경주 불국사 다보탑	72, 86, 88, 94
경주 불국사 대웅전	86, 88
경주 불국사 연화교 및 칠보교	86
경주 불국사 청운교 및 백운교	86
경주 석굴암 석굴	90, 92
경주 석굴암 본존불	62
경주 천마총	44, 48, 50
경주 천마총 장니 천마도	44, 48, 50
경주 첨성대	70, 72
경주 황남대총	44, 48, 50
경주 황룡사 9층 목탑	70
고령 지산동 32호분 출토 금동관	30
고령 지산동 고분군	30
고분 벽화	36, 38
고인돌	16, 18
공주 무령왕릉	40, 42, 50

광개토 대왕	20, 36
광개토 대왕릉비	20, 22
교동 금관	48
구례 화엄사 4사자 3층 석탑	66, 94
구석기 시대	12
굴식 돌방무덤	36, 40, 46
근초고왕	52, 74
금관총	48, 50
금관총 금관	48
금동 미륵보살 반가 사유상	74
금동 연가 7년명 여래 입상	62
금령총 금관	48
김대성	86
김유신	80
김유신묘	50

ㄷ

단양 신라 적성비	24
담징	74
대왕암	78
대조영	102
덩이쇠	28
돌무지덧널무덤	44, 46
돌무지무덤	36, 40
뗀석기	12

ㅁ

마운령 신라 진흥왕 순수비	24
만파식적	80
말 갑옷	28, 30
목조 미륵보살 반가 사유상	74
무구정광대다라니경	96

무령왕   40, 42
무용총   36, 38
문무왕   78, 80
미추왕릉   50

ㅂ

발해 문왕   102
발해 석등   102
백제 금동 대향로   52, 54
벽돌무덤   40
부여 정림사지 5층 석탑   66
비녀돌   72
비천상   98
비파형 동검   16
빗살무늬 토기   12, 14
뼈바늘   14

ㅅ

상원사 동종   98
서봉총 금관   48
서산 용현리 마애 여래 삼존상   62
서울 북한산 신라 진흥왕 순수비   24
석기 시대   12
선덕 여왕   70
성덕 대왕 신종   98, 100
성덕왕   100
성왕   74
수레바퀴 모양 토기   28
수산리 고분   38
스에키 토기   28, 76
승탑   94

신문왕   78, 80
신석기 시대   12

ㅇ

아직기   74
양양 진전사지 3층 석탑   94
연꽃무늬 기와   102, 104
오수전   42
온돌 장치   102, 104
왕인   74
용뉴   98
움집   14
유네스코 세계 유산   16, 86, 90
익산 미륵사지 서탑 출토 사리 장엄구   66, 68
익산 미륵사지 석탑   66, 68
임신서기석   26

ㅈ

장군총   36
장수왕   20, 36
정자석   72
정효 공주 무덤   102, 104
주먹도끼   12
지석   40
진묘수   40
진흥왕   24
집 모양 토기   28

찾아보기

ㅊ

창녕 신라 진흥왕 척경비	24
천마총 금관	48, 50
철제 갑옷	28, 30
청동기 시대	16
충주 고구려비	20, 22
칠지도	52, 74

ㅌ

탑비	94

ㅎ

해동성국	104
혜공왕	100
혜자	74
화순 쌍봉사 철감선사탑	94
황남대총 북분 금관	48
황초령 신라 진흥왕 순수비	24

바른답과 도움말

고객의 꿈, 직원의 꿈, 지역사회의 꿈을 실현한다

에듀윌 도서몰 book.eduwill.net
교재내용 문의 에듀윌 도서몰 → 문의하기 → 교재(내용, 출간) → 초등 문해력

교재의 오류는 에듀윌 도서몰 내 정오표에서 확인할 수 있으며, 잘못 만들어진
책은 구입처에서 교환해 드립니다.